The Art

Fun and Proven Techniques for Mastering Any Room

# of Mingling

融入的艺术

高效、直接地获得你想要的任何人脉

〔美〕珍妮·马丁内特（Jeanne Martinet）/著

刘勇军/译

湖南文艺出版社 HUNAN LITERATURE AND ART PUBLISHING HOUSE 博集天卷 CS-BOOKY

图书在版编目（CIP）数据

融入的艺术 /（美）珍妮·马丁内特（Jeanne Martinet）著；刘勇军译. —长沙：湖南文艺出版社，2017.8
书名原文：The Art of Mingling
ISBN 978-7-5404-8240-4

Ⅰ. ①融… Ⅱ. ①珍… ②刘… Ⅲ. ①心理交往—研究 Ⅳ. ①C912.11

中国版本图书馆CIP数据核字（2017）第178657号

著作权合同登记号：18-2017-123

The Art of Mingling: Fun and Proven Techniques for Mastering Any Room
Text Copyright © 2015 by Jeanne Martinet
Published by arrangement with St. Martin's Press, LLC. All rights reserved.

上架建议：人际交往

RONGRU DE YISHU
融入的艺术

作　　者：［美］珍妮·马丁内特（Jeanne Martinet）
译　　者：刘勇军
出 版 人：曾赛丰
责任编辑：薛　健　刘诗哲
监　　制：于向勇　秦　青
策划编辑：张　卉
文字编辑：郑　荃
版权支持：文赛峰
营销编辑：刘晓晨　罗　昕　刘　迪
版式设计：张丽娜
封面设计：李　洁
出版发行：湖南文艺出版社
　　　　　（长沙市雨花区东二环一段508号　邮编：410014）
网　　址：www.hnwy.net
印　　刷：北京嘉业印刷厂
经　　销：新华书店
开　　本：700mm×995mm　1/16
字　　数：167千字
印　　张：16
版　　次：2017年8月第1版
印　　次：2017年8月第1次印刷
书　　号：ISBN 978-7-5404-8240-4
定　　价：39.80元

质量监督电话：010-59096394
团购电话：010-59320018

致贾森

我最好的朋友和社交恐惧症"患者"

致　谢

　　首先，我想感谢所有邀请我参加鸡尾酒会和其他联谊会的主人。我真希望能把他们的名字都写在书里，当然还有那些在社交方面给了我不少好建议，分享了不少有趣社交事例的人（这些人多得能写满一两本书）。如果你是其中之一，请一定要知道我非常感谢你。我还要感谢我喜欢交际的父母，在那些童年的夏日里，他们会在家中的草坪上举办音乐会，在俱乐部地下室里举行歌剧会，让我初次体会到了社交的妙处。

　　最后，我想感谢圣马丁出版公司的所有工作人员，特别感谢出类拔萃的编辑汉娜·布拉滕。

目 录

contents

071 | 第四章 巧妙脱身：摆脱困境和转移话题的技巧

新 版 序

　　和我许多出色的点子一样，《融入的艺术》这本书的灵感是从鸡尾酒会上的餐巾纸开始的。

　　事情就发生在凌晨，我在俄亥俄州的代顿市刚参加完一场婚礼，当时我跟几个大学里的朋友在一起。我们在接待处东瞅瞅西看看，突然，我的一个朋友拉里用近乎责备的口吻说："嘿，珍妮，你好像跟这里的人都认识似的？我们其他人只会和本就认识的人说说话。"我当时也没想着来一番说教，更多的是抱着娱乐的心态，于是我在一张餐巾纸上将我最喜欢的社交技巧写了下来（那时候，我连名字都没想好），还写了人们是怎么运用这些技巧的。令我惊喜的是，我的那些朋友不仅觉得有意思，更重要的是，他们特别渴望获得这方面的信息。这个时候，我才觉得可能有很多人都渴求知道这些经过实践的社交技巧。

　　不过，本书于1992年首次出版时，我并不是特别了解社交恐惧症有多严重。在证实社交恐惧症无处不在的过程中,在我向大家介绍我个人在聚会上的社交技巧体系时,大家似乎有种草木皆兵的感觉。事实上,大部分人跟我聊天的时候,似乎都想更多地了解这些技巧,成为一名更自信的社交达人。这些年来,一些电视脱口秀的主持嘉宾、电台的名人,还包括一些企业高管都向我透露,他们害怕跟陌生人闲聊,同时又对我说的那些接地气的简单社交技巧表现出极高的兴趣。

可惜,在当今社会,人们的社交能力下降得厉害,部分原因在于我们跟人交往时,往往都是点到即止。本书的上一版本已经出版九年了,在这段时间里,苹果手机开始流行起来,推特横空出世(如今已经拥有2.71亿用户),脸书的用户也从1200万增加到10亿多。如今,大约有60%的美国成年人拥有智能手机,美国人平均每天花费11个小时在电子媒介上。人们在互联网上花费的时间很多,互联网也无可争议地成为最广的交际途径,但是人与人之间真的有"联系"吗?我们可以在匿名的情况下跟人交谈,开商务会议,喝酒,发生性关系,甚至斗个你死我活——如今很多事情都是在匿名情况下或者在线上完成的。但是,就面对面的交流来说,我们的能力却在缩水。

最近九年来,我又收集了不少新的社交技巧、小贴士和妙语金句。现在,我把这些内容重新编辑,目的是让读者在社交时可以更加有的放矢,了解更多的社交指南——比如本书中的"倾听的秘诀""误用手机害处多""聚会后:深入交往指南"等章节。有些社交技巧可能一直都没有变,只是人们使用的设备、途径和场所发生了变化——这些东西时刻都会变化，说日新月异也不为过。

　　我想大多数人都知道，当今社会，人越来越多，技术也越来越发达，我们应该改善一下人与人之间交流的方式。最初我在写《融入的艺术》这本书时，尽量以一种幽默的方式谈论某个我喜欢的话题，而如今，分享书中的技巧或多或少成了我日常生活中的任务：让人们互相交谈——主要是指跟暂时不认识的人交谈。走进一间满是陌生人的屋子，你可能既会感到兴奋，也会觉得害怕，就像踏入一个陌生的国度一样。这跟别的探险行为没什么两样，想要安全，只管待在家里好了，但请你记住：要是不去未知的领域探索，你就什么都得不到，生活中很少有比跟陌生人即兴交谈更愉悦的事了。

引　言

为何要学习社交艺术

此时，你身处鸡尾酒会上。宾客们个个魅力不凡，丰盛的美食让人欲罢不能，室内的装潢气派华贵——一切都堪称完美，对吗？

错。对你而言，这就是个噩梦，你巴不得立马消失。你周围的人好像都彼此相熟，谈笑风生，很是享受，而你则孤零零地站在那里，满心盼着到别的地方去——只要不在这里，去哪里都无所谓。你有两个坚定的信念，这才没有当场死掉：第一，先把你那个朋友结果掉，谁叫他说你该来这个派对长长见识；第二，如果能熬过这一晚，你大概愿意窝在家里再也不出来了。

这么说有些夸大其词？或许吧。但我认识很多人，他们年龄不同，职业也各有不同，在一对一或小型社交场合，他们逍遥自在，却在私底下坦言害怕参加任何形式的大型派对。一想到要和一大群陌生人交谈，他们就口干舌燥。他们会想尽一切办法避免交际场合。许多人干脆连去都不去，借口则多种多样：工作太忙，太累，甚至没有合适的衣服。还有的人自认内向，告诉自己大型派对根本"不是他们的菜"。这种逃避不仅是遗憾，甚至可以说是悲剧，因为规模较大的活动，不管是商务型的还是以"社交"为目的，都有可能比小型聚会更令人兴奋，更充满活力。大型聚会是个卧虎藏龙的地方，你有可能结识很有意思的陌生人（15年前，我在一次募捐集会上认识了一个女人，后来我们成了最好的朋友）。然而，仅仅是因为恐惧或厌恶，人们往往会浪费掉这些机会，有的根本不参加这种聚会，有的和同事或同伴一起去，并与他们形影不离。反正他们打死也不愿意一个人可怜巴巴地站在那里。而且，在他们看来，就算是一个人站着，也好过备受煎熬和陌生人面对面，搜肠刮肚却无话可说。

但凡有这种感觉的人（这种人的数量多得超出你的想象）都会患一种常见的"病"，即社交恐惧症。这种病能治好吗？当然。因为完全不是你想的那样，"寒暄闲谈""做交际花""打动所有人"都是可以通过学习而掌握的艺术，而且非常简单，任何人都学得会。

有些人掌握起社交技能来确实要比另外一些人轻松，也有为数不多的幸运儿天生就具备交际才能（事实上，有一次我见过一个小孩子轻轻松松就赢得了所有人的好感，可怕吧）。然而，大多数人都必须进行练习。通过练习，即便生性腼腆，或是更为常见的情况，比如舌头打结、老是说错话，也能掌握简单的交际技巧、策略和交际用语，这样一来，原本让人痛苦的社交就会变得妙趣横生，不再整晚格格不入，更能体会到成为交际高手后的胜利感。

"交际技巧？交际用语？"你们中有些人肯定会抗议，"这听起来也太虚伪，太假了吧。"我的回答则是："虚伪"和"艺术"之间有很大的差异。比如舞者起身随便做几个动作，就能像熟练优雅的舞步那样令人叹为观止吗？在本书中，我将给出很多伪装小技巧，但我绝不鼓励任何人弄虚作假。你一定要把交际看作一种好玩且充满挑战的运动，好比网球比赛。学习一项新技能绝不是坏事。毕竟，我们在这里说的是交际，而不是婚姻。交际是以快乐为本的。

当然，有很多没有社交恐惧症却受到误导的人则认为，社交太耗费精力，纯属浪费时间，只不过是没完没了地与一些人说些毫无意义的话，然后各自天涯，再也不会相见。不错，我承认我也参与过关于天气、交通之类的空洞的交谈。但有时候我也会跟人家聊上十分钟，聊的都是壁纸之类的琐碎话题，但谈话过程令人陶醉，当我回到家，我通常会很高兴，感觉与这个世界联系更紧密了。千万不要忘记一点，待在一个所有人都在谈笑的房间里，本身就是一件很令人振奋的事！现在来看看字典里是怎么解释"交往"一词的吧："与他人结识、相交或联合；联系他人，或融入群体。"听起来很刺激，甚至令人着迷，对吧？经验告诉我，的确如此。

现在，我要告诉你一个秘密。我一直都很喜欢参加派对，不分地点，也不分时间，但是，我并不是一个天生就善于交际的人。我在大约13岁时，立志成为社交高手。这么多年来，我一直在自学社交艺术，反复尝试，不断摸索。我从无数朋友、熟人以及书籍（主要是从前的书籍，在这些书籍编写的时代里，每个有教养的人都极其精通谈话的艺术）中收集妙招和适用的技巧。我使用的方法都经过了实践的检验，能取得最佳的效果。现在，我总结出了一套万无一失的办法，容易得很，你也学得会。

后文介绍的社交技巧和社交用语几乎适用于各种大型聚会。然而，在你开始学习这一久经时间考验的社交艺术之际，切记一项根本原则：在任何场合，社交的目的都只是获得快乐。这是一条至关重要且不可违逆的准则，能否成为社交达人，完全取决于这一基本前提。不管是商务宴会还是邻里派对，不论是为了兴趣还是为了职场晋升，你的主要目的都必须是为自己带来乐趣。你或许将社交聚会视作一种手段，让你在某家知名公司扶摇直上，或是约到漂亮姑娘，但除非你真的喜欢聚会，喜欢跟人交谈，否则收效都是有限的。事实上，社交本身就是一种回报。

我们所有人都深切渴望与人交往。与人交谈是人生极大的乐趣之一。你遇到并建立联系的人越多，收获幸福的可能性就越大。社交可以让你的灵魂得到慰藉。换句话说，你越是交际，生活就会变得越好。你在聚会上结识了一些人，并享受其中，离开时，你体会到了融入集体的感觉，心里暖融融的，这种感觉将影响你的余生，并让你的生活变得丰富多彩。相信我，如果你能减少对社交的恐惧，那么你在生活的其他领域里，恐惧也会随之减少——比如职场和人际关系。社交艺术或许不是解决所有问题的方法，却是追求充实有益的生活的重要部分。

现在，做个深呼吸，让我们开始社交吧！

Chapter **1**

第一章

克服社交恐惧症

一　蔓延全球的病症——网络依赖

"我不需要通过参加聚会进行社交。"周围越来越多的人都开始抱有这种想法。我自己每天都在与成千上万的人谈话交流，无时无刻不在忙着社交。我有着丰富惬意的网上社交生活。有必要去参加什么聚会吗？在那儿，我只能跟一些并不熟悉的人交谈，给自己惹麻烦。对于结识一群无聊的陌生人，我完全提不起兴趣。

请注意，我十分了解这种想法。虚拟网络营造的社交圈无限广阔，活力十足，而且唾手可得。因此，完全没有必要为了一场聚会煞费苦心地打扮一番，甚至长途奔波。你有不计其数的电影和游戏可以选择，可以通过短信和即时通信工具联系任何人，动动手指就能大快朵颐，美味外卖随时能送到跟前。

问题是，25年前，YouTube、脸书、推特和Twitch这一系列现代网络科技尚未出现时，那些内向的人更容易意识到自己的社交恐惧症。假若他们受邀前去参加一个聚会，即使大多数来宾不认识，他们通常也还是会有些心动。他们很想去尝试与人交往，最终却会因为恐惧而放弃。处在那种聚会中，对他们而言太过可怕。如今，这些内向的人坦言，网上社交就是他们全部的社交范围，互联网是个"绝佳的社交平台"。

好吧，我在此明确地告诉所有的网络狂热爱好者：即时通信不是社交，电子邮件不是社交，短消息不是社交，视频通话不是社交，朋友圈里的动态也不是社交。从一开始，社交的本质就从未变过：真实的人相聚在一个真实的空间里，面对面地进行交流（考虑到当下高超的虚拟技术，我或许应该用"实体对实体"这个短语）。网上社交之于现实社交，正如滑雪游戏之于实景滑雪，虽然后者更加费力和危险，但也更为健康、有趣，能为参与者提供更多的乐趣。在真实的聚会上，人们之间存在着真实活力的传递。各种极为微妙的面部表情和身体语言在网络空间里消失得无影无踪，更不用提触摸到某个人的手臂，或是听到房间里飘荡的爽朗笑声了。

正如人类对于水和食物的渴望一样，我们也迫切地渴望与他人的交流。随着信息科技不断渗透到我们生活的方方面面，我们的沟通方式发生着翻天覆地的变化。在客厅里放置一个网络摄像头，就能够让数百万的陌生人看到我们。我们能够便捷地跟世界另一头的同类交流。仅仅一个小动作，轻轻地敲击键盘或是指尖在屏幕上略微滑动，我们就能毫不费力地得到任何问题的答案。一切皆有可能，说不定从哪天起，利用嵌在我们大脑中的记忆芯片或是全息成像技术，我们就能够跟朋友们实现跨越时空的交流。但即便如此，仍然算不上"社交"，因为两人并不在一个时间或空间连续体中。

与此同时，我发现大家对身边的人们逐渐失去了交谈的兴趣。过去，我特别热衷于跟纽约市的出租车司机聊天，我能够了解他们的生活，司机们也是。现在，他们的生活全都围绕着自己的手机。而我呢？又何尝不是如此。我并不是个顽固的守旧派。说实话，我也沉迷于自己的苹果手机。手机的重要性在于，它能帮助我确定聚会的场所。毫无疑问，在挑选社交对象和社交场所时，互联网作用巨大。

问题的关键是，在治疗社交恐惧症之前，你必须确保你患有社交恐惧症。许多成天挂在网上的人都有社交恐惧症，可他们压根就不知道自己的问题所在。如果你有朋友或者家人热衷于使用短消息、脸书、Instagram、环聊（Gchat）和推特这样的网络工具掩饰社交恐惧症，那就赶紧把他拽到鸡尾酒会上，或是拉到当地酒吧举行的活动中！

二 如何"以假乱真"

好吧，你现在的处境是这样的：你正僵硬地靠墙站在一个满是人的房间里。你刚到这里，就已经做了两件让你看起来忙得不可开交的事：脱下外套，跟主人打了声招呼——主人在屋子里穿梭如织，忙着照顾别的客人，或者检查加冰设备。这种情况下，你该怎么做呢？

第一（第二条和第三条也是如此），不要慌。在那种场合，不是只有你一个人会有这样的感觉。当社交受挫时，许多人都会处于一种近似存在焦虑症（existential angst）的状态。有些人会立即躲到犄角旮旯里来应对这种恐惧，他们会拿出手机，假装有什么急事在跟人交流。有的则会无故发笑，有的会拨弄头发或者像得了强迫症似的摆弄衣服。事实上，社交恐惧症还会让人们拼命吃喝，一根接一根地抽烟，甚至做出危险的事——不停地跳舞！所以，一定要克服恐惧，特别是在关键的时候。尽量放松下来，对自己说："我得假装不害怕，克服这种毛病。"

不管你相不相信，这种简单的心理暗示非常有效，会让你奇迹般地克服社交恐惧症。还记得吗？小时候，你和朋友讲鬼故事吓唬大家，到了深更半夜，你可能真的相信有鬼。小孩子很容易被这种事情忽悠，其实，大人也同样容易被"忽悠"。不管你在哪儿，只需假装快乐就行，让你自己觉得你很有信心，虽然是假装的，虽然只有短短的十分钟，却会产生神奇的效果。你真的会信心满满，部分原因是你得到了其他人积极的回应。

很多书都提到过积极的态度能让人实实在在地获益——能够吸引对你有利的人或事。可问题是，当你感觉害怕，心神不宁，甚至恐惧的时候，如何获得积极的态度呢？这个问题无法回避。当明显感到害怕或者沮丧时（除非满屋子都是失业的心理医生），很少有人想跟他人交谈。所以，即使你朝某个不怎么熟悉或者压根就不认识的陌生人走近时，即使你觉得恐惧，你也要尽量克服这种心理。就当成你横竖都得上台一样，深呼吸。幕布已经拉开了，你会下意识地发现你并不是在假装，恐惧感消失了，跟人交流真的成了件很惬意的事。

这种"以假乱真"的做法是一种态度，而不是具体的方法，但在交际中有着举足轻重的作用，因为这是社交活动的开场白和敲门砖。当然，我并不是要求你一直"假装"下去。老是假装肯定不行。但你在恐惧的时候，有个良好的心态非常重要。在交际活动受挫的头几分钟里，你的表现远比你的感受重要。

三 四种克服恐惧的幻想良方

有时，这种"以假乱真"的方法并不是万能的，要是满屋子都是让你感到恐惧的诱因，就不灵了。所谓恐惧诱因，通常是指那些你觉得跟他们缺少共同点的人。我最害怕的人是那些投资银行家、在东汉普顿艺术画廊开幕式上遇见的人，以及伊利诺伊州皮奥里亚女子桥牌俱乐部的人。对于最让你头疼的交际，不管是单身聚会还是公司的野炊活动，或者是压力爆棚的商务聚会，即便是邻里之间的鸡尾酒会，以下几种克服恐惧的良方都堪称灵丹妙药。当你连呼吸都变得困难的时候，当你连自己的名字或者邀请你的那个人的名字都不记得的时候，或者当你突然连自己被邀请的原因都不记得了，甚至怀疑秘书犯了严重的错误，才把你的名字添进宾客邀请名单里的时候，这些方法都行之有效。

当然，需不需要穿上这样的"护心甲"（psychological armor）肯定也因人而异，因环境的变化而不同。那种特别害羞的人，或者两个月没踏出家门一步的人，可能经常需要这样的良方。有的人（比如我）只是觉得好玩，纯粹用这套方法找乐子。不过，无论在什么情况下，这些方法都能让你在社交时打一针强心剂，足以让你接近令你心存恐惧的陌生人。只需要一点点想象力就能行了。

◎ "裸聊室"想象法

假设你刚刚来到一个大型聚会现场。进入房间时，你发现：（1）里面的人你一个都不认识；（2）所有人都在热火朝天地聊天；（3）你刚进去便一点信心都没有了。

试试这个方法。那一瞬间，你试着想象这样的场景：房间里的所有人——当然，除了你之外——只穿着内衣〔而且是那种很简陋的款式，甚至都破损了；维多利亚的秘密（全球著名时尚内衣品牌。——译者注）这种高档内衣可没有这种效果〕和鞋子，此外什么都没穿。当然，你可以把他们想象得要多荒唐就有多荒唐，要多窝囊就有多窝囊。

有的人喜欢把对方想象成只穿着袜子、打着领带、戴着首饰的样子，有的人喜欢把对方想象成穿着睡衣或者打扮成小丑的样子，有的人甚至想象对方一丝不挂。你还可以想象对方只有四岁。不管你把别人想象成什么样，如果你觉得自己没有信心，没有安全感，"裸聊室"想象法都一定会让你收到意想不到的效果，让你在初次参加聚会时树立信心。事实上，陌生人看到你脸上逗乐的表情，没准还会被吸引过来呢。

◎ 隐形人幻想法

这种方法的原理其实很简单，我妈妈以前常跟我说：谁也没看你，所有人都在忙活自己的事。尽管这样的说法并非百分之百正确，但也八九不离十了。"隐形人幻想法"的原理与此大同小异，不过比这要高级一点。准备好了吗？想象你根本没在房间里。你压根就不存在。你觉得有人会看你，嘲讽你没人跟你交谈吗？你错了。在他们眼中，你是透明的，他们看到的是你旁边的桌子、墙和别的客人。如果你看过1993年的电影《隐形人》，你就知道克劳德·雷恩斯扯掉身上缠绕的绷带后，就变得完全透明了。这是一种多么神奇的能力！他自己也高兴坏了！就像哈利·波特一样，穿上隐身斗篷后就变得无敌了。现在，你成了"隐形人"，你可以无拘无束地在房间里走动，想看谁就看谁，你可以看着房间里的家具、画——一切都尽收眼底——一点不用紧张。这样，你就有时间调整呼吸，直到你觉得可以让自己现身，找个自己感兴趣的小圈子与人交谈。（请注意：非常内向的人一定要特别留意这种方法。你不能老是做隐形人，在适当的时候还是要现身的。）

◎ 小伙伴计划

还记得小学时候的事吗？你跟老师一起参加实地考察旅行活动，老师会让你跟一个小伙伴一起走，这样就不容易迷路了。我上学的时候，管这个方法叫"小伙伴计划"。现在，你在满是陌生人的房间里，心中惧怕，从心理层面讲，也可以说是"迷路"了。如此，你还怎么鼓起勇气跟人交谈呢？

放轻松。你可以和你"最好的伙伴"一起去，暗示你自己，你的朋友紧挨着你站在你的右手边。在房间里，你在这个世界上最好的朋友自始至终都会伴你左右，你说什么，他都会听到。所以，你很快就会冷静下来。毕竟，你的朋友肯定爱你、理解你，对吧？也许他对其他人的看法也跟你差不多呢。你说话的时候，可以想象这个朋友正微笑地看着你，鼓励你，赞同你的意见。要是你碰巧被某人数落了，你会听到你的朋友在你耳边小声说："那人就是个浑蛋！不用放在心上。那家伙显然不靠谱。这是他的损失。"

当然，你可不能过于激动，真跟这个幻想中的朋友说话（至少不能让人看出来）。

◎ 名人效应

这个方法跟之前提到的隐形人幻想法正好相反。对某些读者来说，它可能太激进了，但我觉得非常有效，而且很有意思，我非常推崇，它特别适合那些喜欢冒险的人。别忘了，这些幻想技巧是让你先鼓起勇气，走出第一步，让你不再自卑，能够跟人打成一片。所以，你可以试试这个方法：想象自己是别的什么人，时间不需要多久。这样做似乎有点激进，特别是惯常的做法都是建议你"做自己"，但如果你在聚会时怕得要命，希望自己是别的什么人就好了，那你何不尝试一下这种方法？你的"本尊"让你举步维艰，对你现在的处境一点也不开心。所以，你干脆选个名人，当然，你对他的举手投足，对他的性格什么的都十分欣赏，然后……扮成他的样子。若是掌握了技巧，这种方法比别的法子都管用，因为这种交际技巧是从名人那里套用的。

要是我在社交生活中碰上窘境，或是莫名地觉得没有安全感，我就会幻想自己是贝蒂·戴维斯（美国知名演员。——译者注）。我会想象她在电影中的角色，比如在《彗星美人》中饰演的玛戈·钱宁，只要幻想成她，我就会察觉到我的眉毛会微微上扬，身体放松，会以一种玩世不恭的态度审视社交现场，真的挺有意思的。在扮演贝蒂·戴维斯（说得更准确一些，应该是饰演玛戈的戴维斯）的时候，我根本用不着去准备，而是一门心思就想参加社交活动。对了，到时候也不会有人看着我说："瞧那个女人可真奇怪，居然在假扮贝蒂·戴维斯！"因为根本不会有人注意到这样的区别。他们只会看到一个充满自信、引人注目的女人。同样，当你使用这种技巧时，也不会有人揣测你在做什么。毕竟这是一种"幻想"技巧，是一种秘密行为。而且，你也用不着非得扮名人，你可以假装成现实生活中的人，比如那种从来不会感到拘束的人

（或者，说得更准确些，那种看上去从来不会感到拘束的人——当然，他们内心可能跟你一样紧张）。唯一的原则是，要选一个你非常了解的人，你对那个人越了解，假扮他的时候就越容易。

推荐一些适合女人扮演的名人：莉娜·邓纳姆、埃米·亚当斯、格雷丝·凯利、海迪·克卢姆、妮可·基德曼、刘玉玲、纳塔莉·波特曼、凯蒂·库里克、贝蒂·戴维斯、安吉丽娜·朱莉、戈尔迪·霍恩、凯瑟琳·赫本、斯嘉丽·约翰逊、费雯·丽（当然也是扮演斯嘉丽那个角色的）、玛丽莲·梦露、朱莉娅·罗伯茨、黛安娜·索耶、奥普拉·温弗里、瑞茜·威瑟斯彭、埃玛·斯通。适合男人扮演的名人：安东尼奥·班德拉斯、乔治·克鲁尼、约翰尼·德普、杰米·福克斯、加里·格兰特、杰里·塞恩菲尔德、克里斯·罗克、戴维·尼文、戴维·塞德里、杰克·尼科尔森、布拉德·皮特、乔恩·斯图尔特、丹泽尔·华盛顿、安德森·库珀。请记住：最好不要用那些虽然魅力十足，但可能让人望而生畏的人（比如克里斯托弗·沃肯或者安·库尔特）。

这些幻想法都需要时间练习，特别是如果你以前从没接触过这种方法，更要如此。不过，请大家一定要相信我，这些方法肯定管用，尤其是对那种刚涉足社交圈，感到一筹莫展的人而言。你也可以想个适合自己的方法，也许比我列出来的更有用，这当然很好。

现在，为了巩固你选择的方法，准备好"战场"，选择某个人或者几个人，实战练习一下。

四　选择你的第一个小圈子

就跟玩游戏或是从事艺术活动一样，选择从什么圈子开始非常重要。每次派对、每场大型聚会，肯定都会有让人眼前一亮的地方，有的地方明星闪耀，有的地方名流云集。你要硬着头皮往房间里最热闹的地方凑吗？

当然不行！除非你觉得你在交际方面的能力已经达到这个层次了。毕竟，至少得将前文提到的一种方法掌握好。你可不想在房间里最酷的客人面前自惭形秽。首先，你得选择一种相对安全的方法练习。

◎ 选择"壁花"练习社交

没错，先是打量表情跟房间里其他人格格不入的人。选择这种人往往因环境而异，都是相对的。有时候，某个人会一声不吭地独自站在那里；有时候，也许会有两个人表情看起来有些失落，似乎踌躇不定。也许有人着装不合时宜，至少看上去搭配得不那么好。大多数时候，你可以从别人脸上羞怯的表情或者拖曳的脚步瞧出端倪，他也有可能特别在意放在钢琴上的照片。不管怎样，你必须选定第一个人，或者某个小圈子（也可能是几个小圈子，这得看你需要多少时间练习）当你练习的对象，就当是初步测试你的社交能力。

记住，你接近某个人或者某群人的时候，你的目的是学会了解你的交谈方式管用与否，对方感觉怎么样。你在介绍自己时会不会信手拈来，语气会不会太僵硬？同样的话、同样的开场白，会不会在语调方面出问题？通过这样的方式，你可以尝试一些你平日里一直不敢用的交际技巧。这就好比先在游泳池的浅水区练习一段时间后，才敢去深水区。当然，如果你有社交障碍，在练习交际技巧的时候，大可不必认为自己在别人心中就是派对上最耀眼的明星。不过，对那些患有社交恐惧症的人来说，这样的练习机会弥足珍贵，有机会就得把握好。

练习这种交际技能还有个额外的好处，你可能也猜到了：有些名流可能也有社交障碍。当你轻装上阵，在所谓的"壁花"面前练习社交时，接下来的谈话可能会改变你的命运。

◎ "以貌取人"

如果你找不到"壁花"练习，还有一个选择合适的交际对象的有效方法。这个方法是我从身为音乐家的父亲那里学来的，当时是在一场沉闷的义演活动上，参加活动的多半是律师和银行家。他站在那里喝着饮料，打量着派对上形形色色的人，并没有与谁交谈。这种状态大约维持了15分钟。

老爸就是这样的人，我心想，总是不喜欢交际。突然，他径直朝角落里站着的一个人走过去。不久，两人畅谈起来。我很好奇，也跟了过去。（"嘿，爸爸"，对了，以这样的话作为开场白向来挺合适的。）父亲挑选出来的"对象"原来是个记者，结果证明这人还真是跟父亲志趣相投。我注意到那天晚上他们一直在聊天，好不投机。

后来我问父亲，参加派对的人那么多，为什么单单会选择这个人交谈。"很简单啊，"他回答道，"只有他一个人没穿西装，没打领带。"父亲一般情况下也不会打领带，他选择第一个交际对象就是基于相似的衣着品味，觉得这个人的着装说明他可能不拘一格。他猜得没错！

其一，很多人的性格都能从衣着打扮上来判断。其二，跟性格相近的人交谈，总是比跟性格迥异的人交谈容易（虽然谈话的内容可能不那么有趣）。因此，如果你选择衣着品味跟你相似的人，或者选择衣着打扮是你心头所好的人，聊天时你会觉得很舒服，甚至很有趣，这有助于提高思想交流的层次。因为你刚刚开始跟他人交际，会很紧张，选择第一个对象并能够顺利交流至关重要，如果不是这样，你还没融入圈子，可能就打退堂鼓了。

◎ 注意身体语言

如果你进入一个房间后，大家都坐在那里，那你首先要找一把空椅子。在大部分交际的场合，你进入房间后，大部分人可能都站着，在这种情况下，你仍得找个空位子。注意身体语言能帮助你发现某个或者某群愿意接纳你，愿意跟你交谈的人。

我不是说你就得一直杵在那里分析周围的环境，直到你发现食物都被取光了，大伙也都回家了为止。扫视一眼周围的环境，会让你快速确定哪些人处于"开放"状态，哪些人处于"封闭"状态。如果你发现一群人围成一圈，贴得很近，正在开怀大笑，或者搂着肩膀交谈，那意味着这是个封闭的圈子，你很难融入进去。如果某两个人站立的姿势非常随意，乐呵呵地环视着房间（希望态度不是很消极），那就是开放的状态。当然，大部分圈子都处于这两种状态之间。你得尽快环顾四周：圈子里是不是还有空位？圈子里的人是不是在打量参加派对的其他人？他们的身体是不是靠得很近，就像不希望别人偷听他们的谈话一样？如果两个人正聊得火热，那你贸然加入就太危险了。如果两个人的目光从没离开过彼此，那你可以将这种情况视为贴上了"请勿打扰"的标签。

注意：不要忘记你自己的身体语言信号。有时候，特别是人紧张的时候，我们会不清楚自己的身体反应。如果你处于抬头挺胸的状态，说明你很自信，准备随时认识新人。

◎ "人多好办事"

当你思量再三，决定接近哪个圈子的时候，记住社交界一条最简单也是最古老的法则：人多好办事。不管你是想不露声色地接近某个圈子还是想大张旗鼓地融入进去，从统计学的角度看，选择人多的圈子保管没错。情况不外乎这两种：一是你一进入那个圈子，所有人就都注意到你了，因为在人很多的情况下，有些人（无论如何，至少会有那么一个人）会很礼貌；二是所有人都没留意你，给你足够的时间倾听他们谈话，慢慢体味不同人的性格，选择一句合适的开场白，或许还可以全身而退，重新开始。

总之，圈子越大，你选择的机会就越多。最重要的是，如果圈子很大，是不会出现冷场的情况的，如果只有两三个人，还真有可能出现这种尴尬的场面。

当然，想要很好地解决冷场的尴尬，那就得找句不错的开场白。

Chapter **2**

第二章

芝麻开门：来一次光鲜的亮相

一 各就各位，整装待发

你已经选好了目标群体，正打算加入其中。但是，先等一下——在我们真正亮相之前，有几件事情还需要斟酌一番。

◎ 要不要握手

这里讲的不是如何克制恐惧时的颤抖。我要强调的是，老式的握手纯粹是一种礼仪，在大多数商业场合，握手就像呼吸一样简单自然。

说实话，我发现握手在大多数的社交场合相当危险。本来社交圈子里进行的交谈就往往会被突然的握手打断，更不用说他们手里还拿着饮料、食物或其他物品——越来越多的人因为卫生原因（不论是否合乎逻辑）而抵触握手。即便你加入某个圈子了，贸然握手也往往会带来害处，这样的危害远远超出你的想象。因此，尽管从小父母就教育我们，第一次跟人见面时一定要握手，但我的个人建议是，在加入多于两人的群体时，一定不要握手，除非有人自我介绍或有第三人将你介绍给他人。当然也有例外的时候，使用某些方法（比如，诚实策略）或者说开场白的时候，握手就十分必要。当然，有时他人会主动跟你握手，这时就该回应了。

对男人而言，这件事可能有些苛刻。因为某些原因，无论何时，无论处于何地，男人总是偏爱握手。如果有必要的话，把你的手塞进裤兜里，除非有人主动跟你握手，否则一定不能把手伸出口袋。（一定要注意，不要在鸡尾酒会上做慷慨陈词的自我介绍。如果我总是碰到这种情况，那我发誓我再也不会教人如何社交了。）

◎ 注意你的微笑

跟人初次见面之时，一定要保持微笑和适当的眼神交流，这一点无须赘言。（狗狗摇尾巴致意，而我们人类则用微笑。）但除非你需要运用突然打断的技巧（详见23页和108页），否则我建议你先进行一番言语交流，再微微一笑（双唇闭合）。露齿而笑看起来太过喜庆，如果一个完全陌生的人对你咧嘴笑，你肯定会觉得扫兴，甚至怪异。保守点说，这种行为会让对方困惑——自己是否受到了嘲笑或错过了某些重要的事情。另一方面，微微一笑会显得更加礼貌、老练和自然。请注意，你可不希望一上来就把人都吓跑吧！而且，你最好在跟对方聊几句后，再展示微笑的力量。接下来，一个肆意舒展的笑容才会加强你们的联系，让对方感觉到你对他的欣赏和喜爱。

跟之前的情况一样，这条规则也有特例，如果你也经历过这种事情，大概就会明白我的意思了。例如，我认识这样一个人，他无论走到哪里，总会展现出独特的个人魅力，每次露出笑容，都会让周围的人感到异常温暖，因此他十分受人欢迎。事实上，他在各种社交圈子里进进出出，如鱼得水，上面的规则完全拿他没办法。毫无疑问，若是你也有这样威力无穷的笑容，那你一定要物尽其用（或许其妙用远超出你的想象）。

无论如何，一定要注意自己的微笑，以避免让人感到怪异。如果你想记住微笑的规则，我这里有两句顺口溜：

社交开场时，

微笑莫露齿。

笑时双唇闭，

一定要谨记。

◎ 说谎的哲学：为什么撒谎必不可少

在我们进一步深入之前，我不得不提一个敏感的主题，那就是：若是不撒点谎，你很难成为社交达人。

有时候，朋友们会说我有些滑头，仅仅是因为我解决问题时采取的策略和方式都需要撒点小谎。那些理想主义者（更确切地说，是那些有语言洁癖的人）认为，要是每个人都百分之百地诚实，那所有人都会过得更加惬意。有次周末，我在纽约州北部的一家理发店里见过"诚实的亚伯"（"诚实的亚伯"是美国总统亚伯拉罕·林肯的昵称。——译者注）这类故事。当时那个家伙跟我和我的一个朋友站在一起，我暂时叫他"诚实的亚伯"。一位女性倾身过来做亲面礼时，他伸出双手，直截了当地说："我不喜欢亲吻他人，我们就简单握个手吧。"

这位新来的女性显然十分尴尬。我也很不好意思，我的朋友也是如此。我们都尴尬地在那儿傻站着，直到两人握过手。那位女性跟我们随意聊了几句，便迫不及待地离开了。她走后，我立即询问"诚实的亚伯"，他们两人之间到底发生过什么。他告诉我他们是熟人，并没有什么特殊的关系。接着，他跟我解释说，他正在检验百分之百诚实的做法。很明显，我们这个朋友不喜欢亲吻致意，而且认为自己能够直接表达个人需要和情感需求，并且引以为豪。

我竭力忍着，才克制住向"亚伯"打听后续故事的冲动（相信我，吃麻辣烧烤时这么做可不是个明智的选择）。尽管说出内心的想法无可指摘，但是对"亚伯"而言，一句简单的"我觉得自己感冒了"不是能更好地避免这样生硬粗暴的拒绝吗？撒个小谎又有多难呢？一句简单的话不会带来任何尴尬，就能够让你轻易地避免跟人"亲密接触"。

当下有太多的人以自己无条件的诚实为傲，但是要知道，现实是整个社会都是由善意的小谎言和优雅的托词维系起来的，现在如此，以后也不会改变。最近几十年来，受到自我提升课程、十二步治疗方案（国外常用于人格障碍治疗与成瘾行为戒除的一种方案。——译者注）、集体治疗（group therapy）和沟通研讨会（communication seminar）的影响，人们在表达自己的感情时越发直接。但在这个过程中，我们遗失了十分重要的东西，而诚实已经成为一种被高估的商品。一言以蔽之：有过犹不及之嫌。

不要误解我的意思。在涉及夫妻婚姻咨询、法庭做证、政府返税时，我当然支持绝对的诚实。但是，面对一个热情向你打招呼的陌生人时，你不能这样粗鲁地回答："哦，我过来可不是跟你聊天的，只是因为你站的位置靠近奶酪盘而已。"归根结底，这就是个礼貌和善意的问题，跟诚实并没有关系。

事实上，乐于且能够运用善意的谎言是社交艺术的基石，也是本书中大多数社交技巧的基础。撒点小谎能够让你掌控自己的社交生活——顺利地参加各种聚会——同时也能让你的伙伴免于尴尬之苦。社交就像舞蹈，会因为高难度的舞步而多姿多彩，这些舞步就包括善意、老套的推诿搪塞。

所有文明人都知道这样一个心照不宣的事实：在轻松愉快的社交中，并不是每句话都百分之百真实。每个人都会说些善意的谎言，在大多数场景中，甚至十分享受这么做。我们只是闭口不言而已。（好吧，我露馅了！）

二　四项基本准入技巧

◎ 诚实策略

小谎言诙谐有趣，简单有效，但如果真诚更契合你的风格，那你大可以采用诚实策略。

在你尝试过这项策略并得到了切实的回应后，你会惊讶地发现，很少有人采用这项简单直接的策略。第一次使用这个技巧时，我正参加一场为获奖小说家举办的出版聚会，当时我完全不知所措，出于无奈才出此"下策"。当时我一个人都不认识，大多数宾客都以两三个人的形式聚在一起——这种情况下，最难融入别人的圈子。我先是使用了幻想策略，然后走到了一位十分帅气的男士身旁，他当时正跟人热烈交谈。我站在他身旁，他良久才转过来看我（大概有三四十秒，但当时就像一辈子那么长）。然后，我这样说："打扰你一下，希望没有太冒昧，但是我在这里一个熟人都没有。我是珍妮·马丁内特……"

当时我心想，这真是个危险的举动。这位名为彼得的男士转过头来冲我微微一笑，就跟我刚刚给他100万美元一样。而且他善意地告诉我，他曾一直打算在聚会上使用这一招，但因为内向而未如愿以偿，而我这样的加入方式对他而言十分受用。我们进行了一场愉快且深入的交谈。聚会结束大约一周后，我收到了彼得的一封信，感谢我提醒他还有这么一个"重要的人际交往技巧"。此后，我又多次使用这个技巧，而且在某种程度上，可以说是屡试不爽（但我再也没有收到过类似的感谢邮件了）。

诚实策略能够奏效是因为它能够引起几乎所有人的共鸣，能够迅速把主动权交到你想要接近的人手中，营造一种轻松友好的氛围。这等于你把主动权都交给对方了。唯一要注意的是，你务必要表现得十分真诚。要想显得真诚，就必须在某种程度上保持一颗真诚的心。因此，这种方法特别适合完全没有熟人的社交场合。关于该策略，还需要注意的一点就是，在一场特定的聚会上只能用一两次。如果你上去搭讪的人恰巧看到你之前跟另一个人聊得火热，那么显而易见，你将会失去别人的信任。

注意：在使用该方法时，握手是十分有效和必要的。这是因为该方法从本质上来说有故意打扰之嫌，而任何形式的打扰都会造成不良后果，因此握手可以缓和矛盾。

跟许多社交方法一样，如果你在使用这个技巧时能够结合自己的个性特征，效果会更好。但无论采用何种措辞，你都一定会欣喜地发现，诚实有时候确实是最好的对策。

◎ 淡入策略

这种方法看起来"不怎么光明正大"，对我而言太过消极、低效，但我认识的许多人对其十分偏爱。尽量悄无声息地融入你选择的社交圈子，接近他们的时候，屏息凝神地仔细听他们交谈的内容（换句话说，就是监听）。你的目标就是在进入圈子时一定要悄无声息，在所有人意识到你是张新面孔之前，彻底融入其中。如果你在悄然靠近时已经详细了解了关键信息，那么选择恰当的时机加入他们的谈话就会变得十分自然，就像你早已置身其中。但如果你在接近的过程中不凑巧被发现了，运气也不会太差，因为你早早抓住了他们谈话的要点，足可以发表一番切题的言论，这样你就会顺理成章地被他们接纳。

淡入策略的关键就在于，你一定要表现得自然，就像本就属于那个圈子，已在圈子里待了几个小时一样，而且要给人这样一种感受：跟这群特定的人交流对你而言是极为重要的事。当你的举动达到"以假乱真"的地步后，你会惊奇地发现，得到人们的认可其实相当容易。

注意：一定要完成整个淡入过程。在一段相当短的时间内，你要么完全融入——也就是说，成功地表达自己的意见——要么直接换个目标圈子，这点极为关键。如果你对结识陌生人抱有迟疑的态度，那么你极易在圈外晃悠，只是在一旁聆听，却不加入。这根本不是社交！社交切忌东游西荡。

◎ 夸赞他人

这个技巧有个前提，如果你给他人积极的正能量，那么你也会得到同样的回报。几乎所有人都会正确地回应他人的称赞，没有什么比来自陌生人的称赞更让人信服了。这个方法似乎一看就懂，无须解释，但是称赞他人的方式有正误之分，社交场合尤其如此。尽管每个人都能接受一些特定的夸奖（例如，称赞他人的孩子或宠物几乎百试百灵），但有些夸赞则会带来灾难性的后果。而且，因为对要夸赞的对象并不熟悉，你在一开始时能够使用的称赞方式会十分有限。下面是一些关于夸赞他人的注意事项：

反例：称赞衣服或体形

开场白：

"哇，这条裙子真是精致典雅！"

"打扰一下，从体形来看，您一定酷爱骑自行车，或者喜欢长跑。"

称赞他人的裙子看似是个不错的主意，尤其是两位女士之间，但要注意，我们说的可是开场白。关于这个技巧，有一点需要注意：宁愿不用，也不要铤而走险。除非某人穿着引人注目的行头（你一定得确认这点），毕竟一上来就拿他人的着装说话确实太过冒失。直接表达对某人穿着的喜爱其实就是在说喜欢她的模样，比如身材、气质，对开场白而言，实在过于唐突。最好在双方熟悉以后再用这种措辞。与日常生活相比，社交中的称赞完全是另一回事。

再回到刚才提到的那个喜欢骑自行车的朋友身上，应该避免任何直接涉及他人身材好坏、胖瘦程度或者是否有气质的言论，除非你想成为《王牌大贱谍》中那类笑料百出的角色。

正解：称赞配饰

开场白：

"我太喜欢你的耳环了。"

"不好意思，打扰一下，你的眼镜实在太酷了！"

称赞他人身上的装饰品通常会比较合适（耳环、围巾、眼镜、领结、胸针、帽子）。这种称赞不会显得太过冒失。这样开场也十分明智，因为你可以借此机会进一步询问对方在哪里买到了这么漂亮的配饰。根据不同的回答（"去中国旅行时购买""我男朋友的母亲所赠""是我用废旧物品DIY的工艺品"），你可以借此跟人家愉快地聊上五到十分钟。如果你能根据不同回答聊一些全新的话题，将收获更多的快乐。

请注意：在称赞之前，一定要看清楚对方的配饰。你绝对不想出现这样的情景：刚说完"多漂亮的帽子啊！"，下一秒却发现原来人家戴的是假发！

反例：借贬损另一群人称赞他人

开场白：

"你们好！（轻声细语）介意我加入你们的交谈吗？我并非有意刻薄，但你们确实是这里唯一让人感兴趣的圈子了。"

尽管痛心，但我不得不承认，我曾经认为这种言论对某些人群有效果，而且我也打算检验其有效性，因此在元旦前夜，我喝了过多的香槟后，真的这么做了。天哪，当时绝对是场灾难！那两个伙计像看臭虫一样打量着我，而我十分尴尬，纠结于到底是自己的措辞还是其他什么地方出了问题。就在这个时候，我身后突然冒出一个尖锐刺耳的声音："多谢了！"这一声可把我吓坏了，竟然有人听到我的讽刺了！我花了好一番工夫才解决了误会。无论如何，即使没有人听到你的话，出于以下两点考虑，你也应该放弃这种言论：（1）你交谈的对象可能有朋友就在现场，因此也间接地受到了冒犯；（2）它并不像称赞他人一样受到大多数人的欢迎。

正解：积极正面地称赞他人

开场白：

"我在屋子另一边就听到了笑声。你们肯定是一群有趣的家伙，要么肯定是聊得十分开心，所以我想过来沾沾喜气！"

这种措辞通常非常有效（如果你真的在接近一个笑声不断的群体），既不会让人觉得受到冒犯或威胁，听起来也十分自然可信，因为你真的会被正能量吸引而接近一群人。无论是何种开场白，你都应该学以致用，以适合自己的个性。这样的话，你说出来也会舒服自然。

反例：太过虚伪的夸赞

开场白：

"打扰一下，你们看起来都那么和蔼可亲，介意我加入你们吗？"

首先，这完全就是诚实策略的反面教材，既然你从未跟他们交流过，又是如何知道他们都是和蔼可亲的好人呢？这种话听起来就虚伪至极。其次，这种特殊的措辞基本没什么用，针对性不强。人群中某个喜欢生事的人或许会这样粗暴地拒绝你："亲爱的，你可搞错了。我们全都是不折不扣的大坏蛋——你最好离我们远一点。"

正解：真心赞美他人（至少带些诚意）

开场白：

"对不起，我听说那道酿鲜菇是你做的。我就想告诉你，那道菜实在是太美味了！"

如果用心的话，你总能找到一些诚实的赞赏之词。善用"夸赞他人"这一方法会让你成为聚会上的敏锐观察者，无论是在朋友的鸡尾酒会上还是在拥挤的等候室里，你都可以寻找身边喜欢的事物。向女主人询问其他客人的闪光点，这样你就能在聚会上大展身手了。

反例：自我夸赞式的赞美

开场白：

"鲍勃说你跟我有很多共同点，你跟我一样，有你参加的聚会才有意思！"

这种措辞只是表面上讲到了别人，实际上不过是说话人在自吹自擂而已。"夸赞他人"这一方法的核心是称赞他人，而不是王婆卖瓜。

正解：自我贬低式的赞美

开场白：

"我看你一点问题都没有，但我得承认我在走上这个大山坡和六层楼梯后，真是筋疲力尽了。"

因为这样的夸赞方法出人意料，而且不经意间就说出来了，所以这种方法非常有效，对比之下让对方觉得自己挺厉害。

反例：不要过分夸赞他人

开场白：

"啊，天哪！你就是安妮口中那个赢得网球巡回赛冠军的朋友吗？恭喜！恭喜！啊，能够亲眼见到你真是让我受宠若惊！真是太幸运了！"

这就是赞美跟谄媚的区别。不要过分发挥。这种措辞只能在好朋友之间说说，除非你就喜欢这样没完没了地奉承人家。

正解：巧妙地赞美

开场白：

"不好意思，打扰一下，我从安妮那儿得知，你最近拿下了网球巡回赛的冠军。真是太厉害了。恭喜！"

有一点需要注意：如果你要向某人祝贺，那么在对方道谢后，你最好准备好下一个问题。"你打网球有多长时间了呢？"就会产生不错的效果。

一定要谨记，开场白中的恭维和随后交谈中的赞美完全是不同的两件事。而且，当你再次遇到上次那人时，"你看起来棒极了！""你最近瘦了不少吧？"都是不错的选择。尽管"赞美会让你路路畅通"的说法一般没有问题，但你要确保自己了解跟你交往的对象，赞美的措辞更要注意。

◎ 老练程度测试

如果你想要了解你的交谈对象，没有什么能比这项测试更靠谱了，而且这个策略也是打破冷场的绝佳工具，我本人也经常使用，尤其是当我感觉跟交谈对象格格不入的时候。这种方法能够便捷可靠地帮助你弄清楚应该如何选择合适的话题、语气的亲切程度。但该方法一次只能用在一两个人身上，如果你处在一个更大的群体中，那就只对一个人使用该方法。我发现这个问题最能收到成效："那么你是怎么过来的呢？"（一定要微笑。）

这个问题能够清楚地反映许多方面，这也是该测试的最终目的。如果对方回答"坐出租车"，那你就可以稍微松口气了（尽管你可能会觉得有些无趣），这个人不会给你找麻烦，而且说话或多或少会停留在表层。如果对方回答"哦，我认识女主人的前夫，所以才受欢迎吧"，你就会明白自己碰到的是个有趣的家伙，你们可以畅聊一番。了解对方是如何来的这个话题其实挺有趣，从这个问题中能看出对方是不是很会说话。但若是有人回答"我父亲在一个花好月圆的夜晚睡了我母亲"，那你就要注意了——这家伙绝对是个大麻烦，你最好注意自己的言辞。

还有其他另外两种回答，你碰到后需要立马走人。一种是"这关你什么事？"，另一种是"我不知道"。前者暗含了敌意——绝对是社交的障碍——后者则是某种精神障碍的表现（或者是嗑药的瘾君子）。

你也可以自备测试问题，或者选用下面的任何一个问题，但要确保再次使用时的对象并未听到你跟上一个人的交谈。你绝对不想别人发现当下的交谈只是一场测试吧！

"对了，你觉得怎么样？"

"你是怎么拍出这张照片的呢？"

"呃，你在其中扮演什么角色呢？"

"你最近还好吗？"

"能讲一下你的故事吗？"

"你跟这边有什么联系呢？"

三　各种氛围下的开场白

如果你不喜欢诚实策略、淡入策略、夸赞他人或老练程度测试，那你或许会喜欢下面这些开场白。你还可能会想出适合自己的措辞。虽然多数人都能想出绝妙的开场白，但不幸的是，通常都是在聚会结束几个小时之后。只要你稍做准备，一段开场白就会像魔法一样脱口而出。

要记住下面几个简单的要点：

1. 永远，永远，永远（相信我）不要用"你是干什么的？"做开场白。

这种措辞不仅想象力匮乏，而且十分危险。你交谈的对象可能刚刚被炒了鱿鱼，或者已经失业两年了。即使他有自己的职业，除非你发现他的工作特别有趣或者你非常了解，否则刚开口就预示了话题的终止。无论他是个险损估价人、电脑程序员还是洗碗工，一旦他开口告诉你他的职业，出于礼貌，你都要接着这个话题继续谈下去。你绝对不能简单来一句"哦，污水处理，那挺有意思的"，接着就拍拍屁股走人了。而且人们通常认为这种开场白相当无礼，这个问题通常会让对方觉得，你只是想尽快弄清楚他的收入，以便决定是否要花时间跟他交流。

2. 那些善于社交的人，通常会独自行动。

你或许会幻想着有个同伴陪着你（如果你正实践"小伙伴计划"），其实你内心并不想跟同伴或朋友一起社交——除非你们当中的某个人熟悉聚会上的大多数人，能够介绍其他客人给对方。有时候，你最先碰到的也是个社交恐惧症患者，那么两个人整晚一起交流、闲逛也不错，毕竟这样能减少恐惧。这大概就是负负得正的道理吧。只是你们在一起时，就不太容易融入其他群体了。这样会对社交构成威胁，同时，还会让你看起来显得懦弱。

3. 无论你打算说什么，开口时一定要信心十足。

如果你发现悉心准备的开场白没有效果，而你又找不到原因，不妨换个人试一下，或是换种语气。如果依然不起作用，那这条开场白肯定不适合你或者这个场合。但是不要放弃！要记住，90%的美国人都有社交恐惧症，所以你并不孤独。

下面是一些开场白实例，按照从保守到大胆的顺序排列。

◎ 第一级：保守

"这段音乐让我想起了自己童年（高中/大学）的日子。"

"今天过得怎么样啊？"

"你是怎么认识男主人（女主人）的？"

"今天某某（男主人或女主人的名字）真是精神焕发，对吧？"

"我真是无法想象这个地方会这么漂亮（黑暗/喧闹/拥挤，等等），你觉得呢？"

"你不觉得这种（你正在吃的食物或已经尝试过的食物）特别美味吗？"

"我爱死这个地方了。"

◎ 第二级：调皮

"我不小心接触到什么秘密了吗？"

"打扰一下，能告诉我你正在吃（喝）的是什么吗？看起来好诱人啊！"

"最近有没有人刚刚度假回来呢？我期待听后能神游一番。"

"据小道消息，这个地方能够得到（有关你所在行业或职业领域的）最新消息。"

"我并不是故意打扰……好吧，我想我就是故意的！"

"你好！我今晚正练习社交技能。我表现得怎么样？"

◎ 第三级：大胆

"嘿，伙计们，能不能告诉我这里的暗号是什么？"

"既然我不认识你，你也不认识我，那就看看咱们之间有多少共同点吧。"

"有人告诉我应该过来跟你交流。我不能告诉你他是谁，我发誓要保密的。"

"如果我没有认错人的话，我刚听说关于你的好消息。"

"如果你答应我不问我的工作，我也不会问你的。"

"打扰一下，我的朋友正跟我交流社交技巧，她打赌我不敢直接走到你面前开口说话……请微笑一下——不错——一直跟我说话，这样我就能赢下50美元的赌注了。"

"我厌倦了闲聊。我们吹吹牛皮怎么样？或者至少也得侃个大山吧。"

当然，这些措辞能否取得成效还要看你的表达方式。有些需要讽刺的腔调，有些要有灿烂的笑容，有些要有疑惑的姿态。有些技巧会比另外一些更加适合你。选择那些最适合你的，而且你完全可以对其加以改造，形成自己的风格。要敢于偶尔尝试一下大胆的方法，反正又不会要你的命，反而有可能让对方眼前一亮。

Chapter **3**

第三章

接下来怎么做？深入谈话的诀窍

现在，你已经选好了目标人群，已经勇敢地说出了开场白，你可能在想："开场的话也说了，接下来怎么做？"好吧，你有三个选择：

1. 你可以安静地等着，听圈子里其他人发言，可以为自己刚才说了开场白，融入这个圈子稍稍得意一番；

2. 说完开场白后，你可以使用第四章所讲的技巧脱身；

3. 你可以愉快地跟站在那里的一两个人继续交谈。

从社交的角度看，显然第三种才是受益匪浅的选择，但对大多数人而言，这也是社交活动中最难的一项。进入某个圈子是一码事，在那个圈子里站稳脚跟又是另外一码事。即便开场白说得再漂亮，也只是开始，好比刚被大学录取一样。现在你得进入大学里面。事实上，许多人在成功地说出开场白后，还是会很害怕。人家对你的开场白反应良好反而会让你压力陡增，然后你的社交恐惧症又会卷土重来。哦，天哪，你会疯了似的想辙：我要怎么跟这个人交谈啊？别担心，这一章会给你足够多的技巧，保管你的舌头不再打结。寻找话题可比我们以为的容易多了。这个世界上可说的事情那么多，有很多简单的办法可以让你对各种话题信手拈来。

不过，我们首先还是应对一下最糟糕的局面。

一　从糟糕的开场白"反败为胜"

有时候，你的开场白说出来后，人家毫无反应。不要气馁，这种情况的确够令人沮丧，但也司空见惯。总会有办法弥补的：

假装压根就没发生过。重新开始，说句别的话作为开场白。比如，假设你选择了淡入策略，但你还没来得及听听别人都在聊什么，也没想好该说什么，别人就注意到你了。此时所有人都停下来注视着你。别慌。你可以马上改用诚实策略、夸赞他人法或老练程度测试法（面对一大群人时，使用这种方法有难度，但还是奏效的）。还可以另找个开场白，这真不是什么难事。通常情况下都要多准备几套开场白，了解这点很重要，关键是不要失去信心。不要让人家看出来你的开场白没激起任何水花。此时就能看出"幻想策略"的作用了。

无须道歉。比如，你说了这么一句话："你们是不是在说什么隐秘的事，我打扰你们了吧？"然后有人的反应像是要吃了你一样：他们交换眼色，像是在说"这人真是个怪胎"。接着，谁也不说话了。换言之，像是所有人都商量好的一样。也许还会有人专门针对这句话这样回答："没错，你还真打扰我们了。"如果是这样的情况，你道个歉，然后转身离开，再也别回来了。但面对这种平常不怎么说话，说起话来又相当刻薄的人，我建议你笑一笑（如果可能的话，面带微笑），然后说："我早猜到了！"这么做意味着你并不害怕，知道自己并没有做错什么，只不过不小心碰上了一群没有教养的人。

采取补救措施。如果再碰到上面提到的这种场合，你可以这样说："听着，我知道我这话听起来怪怪的，但我刚才觉得特沮丧，某某（主人的名字）跟我说，那边有一群人在聊天，要我主动向他们介绍一下自己，他们告诉我，他们谈话的内容很隐私，叫我不要打扰为妙。所以，我这次还是不要那么冲动了！"或者，如果你从后面接近某人，打招呼时可以套用这么一句话："哦，对不起，我想我认错人了。"虽然老套，但是管用。

风趣。在表达幽默的时候一定要小心，这点我稍后会详述。但对于某些人，你可以开场先扔个威力无比的炸弹，以此给自己打气，随后再说些风趣的话，就像喜剧演员应对诘问者那样。还拿之前那个"隐秘"谈话的例子来说，最糟的就是对方态度冰冷，你可以这样回应："啊哦，那我会被抓起来吗？"也可以这样说："什么？股市崩盘了吗？"如果你擅长方言，甚至可以试试用法语说："对不起，我不会说英语……"这样没准可以反败为胜。

撤退。如果对方的反应很极端，甚至充满敌意，你干脆让他们自生自灭得了，除非有更迫切的原因（比如，他们中有人可能跟你有重要的生意往来）。换个人尝试下，再换个开场白，至少暂时换个话题。有些话根本不适合某些场合，有些话或许也不适合你。千万不要因为一次失败的经历而放弃尝试。

二　需不需要谈及职业话题

假设你的开场白很成功，或者尽管开头有些失策，但你三言两语扭转了局面，你现在仍然要准备一些话题，以防谈话拖拉，甚至冷场。（我不是吓唬你，如果你是初入社交界的新人，这样的情况常有发生。）从理论上来说，你得让每次交流至少持续十分钟——这是社交的最佳时间——通常开场白占一两分钟。那么，当开场白的热度慢慢冷却，随后是尴尬的冷场时，你要怎么办？

大部人都会下意识地冒出一句"你是做什么工作的？"，或者更常说的一句"你是干什么的？"，就像派对上职业问题才是大家关注的焦点似的。

请务必相信我，除非是行业交流会或者跟职场有关的聚会，否则这么问肯定不是个好主意。在何时何地谈论职业是个存在争议的问题，除非你跟人家已经相当铁了，否则我不推荐这么做。在这个问题上，许多人应该都会同意我的观点。毕竟，这样的做法违背人际交往准则中的黄金戒律，这个戒律已在我们脑海中根深蒂固。大部分人觉得这样的做法非常合适：你要求别人谈论他们的隐私时，人家就会迎合你。当然，这样的做法倒也无伤大雅。如果你想不出别的话题，打听人家的职业也许会让你在说话的时候不那么结巴，也许还会体现你是个热心肠。换言之，谈论职业在众人都认可的情况下倒也无妨。但是，你应该对这种话题引发的不良后果有个预判。

也许有人不愿意谈论自己的职业。毕竟，向陌生人打探职业还是个过于涉及隐私的问题。也许有人来参加派对就是想忘记工作上的事，也许他讨厌自己的工作。也许有人跟我一样，如果有人向我打听我的职业，那我们就没办法进行正常的谈话了。如果我告诉人家我参加聚会是为了写书，那你们准会对聚会上发生的情况感到吃惊。大家可能会光顾着谈论这个话题了，而且不消说，我身边的每个人一准都会谈论他们的社交技巧。为了避免这种情况，我有时候会跟他们说我会弹尤克里里（ukulele）（这真是我的爱好）。注意：如果有人问起你的工作，而你不想讨论，你可以使用第五章列出的改变话题的技巧。

有些人的职业可能真的很闷，但他一说起来就没完没了，无聊得很，你会处于一种被我称为"呆滞神游"的状态，像被催眠了似的，只不过跟催眠相比，你可没机会放松，对你也没什么好处。当你处于这种状态时，哪里还能跟人交际？我遇到这种情况时，别人说什么我都没心思去听（除了"哦，哦"，也不会说什么），通常我会盯着别人脸上一小块地方愣神。有一次，我认识的一个医科学生告诉我，她刚遇见一个男的，就问对方是做什么的，那人回答说是"会计师"，然后开始绘声绘色地描述他的工作。她担心对方会看出来她觉得很无聊，为了让自己看起来不那么无礼，她假装无比热情地说："哇！真的吗？！"结果聊着聊着，她居然跟那人上床了。（我发誓这是真事，我可编不出这档子事。）

对方的职业还可能是你讨厌的那类。他可能是个直肠病医生，可能是个丧葬师，或者是个植发师，还可能是来自其他政党的政客，到时候你要怎么接茬呢？我的一个朋友是素食主义者，在一次大型聚会上，她看到一个长得挺有意思的男人，马上就问他是做什么的。

"我有家屠宰店。"那人面带微笑，自豪地说。

"哦……啊……挺有意思的。"朋友回答道，试图弥补自己的冒失。

"是的。是咱们市最好的屠宰店。我在这个行业干了36年。现在生意比任何时候都好……"他继续说着他那令人恶心的日常工作，甚至还滔滔不绝地说着假期送货的事：24只火鸡鸭（将鸡塞在鸭的肚子里，再把鸭塞进火鸡里），还有一些野兔。"对了，你怎么了？"几分钟后，他问，"我看你的脸都绿了。"

"失陪一下可以吗？"最后我的朋友尖声说。这次谈话就此结束。她要是先跟这人聊一聊，再问及人家的职业，也许就不会夺路而逃了。现在的情形看起来就好像她刚刚介绍了自己，就仓促结束了谈话。记住，这是因为你在问这个问题的时候，自己都不知道会引出什么样的话题。

有些人的职业可能令人沮丧（或是叫人尴尬）。比如，你采取奉承对方的策略，以此跟对方搭上话。你先是乐呵呵地称赞对方，随后来一句："你是做什么的？"假设那人哆嗦着嘴唇道："呵呵，事实上，我现在还没工作呢，我以为我今天能得到一份工作，可是……还是黄了。"这个话题也不能说就是灾难，但至少不那么令人愉快吧，因为你接下来没的选择，只能说："哦，抱歉。那你具体是做什么的？"在改变话题之前，接下来的几分钟肯定不大好办。对方的回答可能依然会让你沮丧。那人的工作可能是协助戒毒，尽管这工作真的很让人敬佩，但你也恨不得立马脱身。

问题是，你往往会碰到从事古怪职业的人，真遇见这样的人，你还没说两句话，就想走人了。请注意：你越早挑起话题，越难脱身。而且，如果你当着很多人的面问别人的职业，可能会让这些人都对你敬而远之，有一个人回答的话——因为人们对这种话题早就不陌生了——其他人见你问出这样无聊的问题，巴不得赶紧撤退，特别是当他们已经发现这个人无趣得很时。到时候，困在现场的人就变成了你，因为你比他们抽身而出的难度大得多。至少你可能没多少机会再说出妙语连珠的话，也没办法在刚刚辛苦进入的圈子里左右逢源。所以，在你问及别人的工作之前，先花点心思了解这个人（或多个人）。请注意：说完开场白后，老练程度测试的效果往往比直入主题更好。

如果你必须立即打听别人的工作，那就采取"旁敲侧击"的方法。比如说："你是从公司直接来的吗？"这样问，既可以谈论跟职业有关的话题，又相对安全，如果引出不好的话题，你还可以全身而退。

谈及有关职业的话题，比起社交领域的其他技巧，规矩并非一成不变，有很多特例。比如在商务性质的聚会上——如公司举行的聚会或者行业会议——你就会不可避免地听到跟职业有关的禁忌话题。而且，在很多场合，出于多种原因，你可能一眼就能看出人家的职业，所以谈及这个话题时也没什么讲究。反正无论如何，谈及职业话题都算不上下下策。我只是想提醒你们，这样的话题有可能引起不良后果，在提问之前需要三思而行。有不少话题供选择，方法也很多，好好享受社交的乐趣吧。

三　十种行之有效的社交技巧

◎ 词穷时的记忆法

如果你站在那里，脑子一片空白，这时候，你该说些什么呢？你总不能找个按钮，按下去就万事大吉了吧？我们都遇到过这种情况，要是十秒钟不说话，简直像过了一个小时。尽管不会只有你一个人觉得这样的事情太尴尬，因为你们那个圈子里的其他人也什么都没说，但如果你朝他们走过去，那你当然有义务让谈话继续下去。

我们都知道，可选择的话题很多。比如问及某人的背景、跟主人有关的生活、对聚会的看法，以及当下流行的事。如果是商务会议，可以谈及你在职业方面的新问题，或者别的能引起兴趣的话题。关键是卡壳的时候，怎么言之有物。所以，在挑起别的话题之前，我给你介绍一种非常简单也非常有趣的方法，可以让你轻而易举地想出话题。

你小时候玩过单词联想的游戏吗？用这样的方法是不是可以想起什么事？我还记得我妈妈是这样教我弟弟的："马里兰州的首府是哪里？那是一个快乐的地方，所有人都能拿到一个苹果！所以就是安纳波利斯啦！"（在英语中，"快乐的地方"与"马里兰"谐音，"一个苹果"与"安纳波利斯"谐音。——译者注）听起来很傻吧？或许是，但这个方法管用，这种谐音记忆法也许并不适用于所有人，但如果你能使用下面的记忆辅助法，脑子就不会一片空白了，想不出话题的社交恐惧症也将不治而愈。

准备好了吗？在说完开场白后，如果大家都没出声，气氛很尴尬，你只需要想想社交（M.I.N.G.L.E.）这个单词，用首字母提示自己提出什么样的话题，这个方法保管是万能的。

"M"表示"见面"（Meeting）。比如，你可以说："见到这么多新朋友，好开心。""见到这么多某某（主人的名字）的朋友，真好！""我感觉咱们以前见过面，是不是？"还可以说："你什么时候认识女主人的？"

"I"表示"因特网"（Internet）。比如，你可以说："你今天看过多少小孩真假音唱歌的视频（或者别的热门话题）？这玩意什么时候才会消停？""最近推特上沸沸扬扬的比特币骗局，你见过那玩意吗？""我听说亚马逊又花了十亿美元收购了一家新公司！"还可以说："现在这个社会上还有不会上网的人吗，还是只有我一个人？"

"N"表示"附近的地方"（Nearby places）。比如，你可以说："我特别羡慕某某（主人的名字）住得离某处（餐馆的名字）这么近。""我好久没到这个地方来了，没想到变化居然这么大/居然还是老样子。"还可以说："你注意到那幢新建筑物了吗？离这里也就半个街区。"

"G"表示"去"（Go）。你可以这么说："你经常去参加聚会吗？""你打算去度假吗？""你明天早上要去（多功能会议室）开会吗？"或者说："我一般不去参加在酒吧举行的大型聚会，不过这次聚会真的挺有意思。"

"L"表示"喜欢和不喜欢"（Likes and dislikes）。比如，你可以说："我真的挺喜欢这种奶酪。""我就喜欢珍妮特举办的聚会！"还可以说："我最讨厌迟到了，不知道有没有错过什么？"

"E"表示"事件"（Events）。比如，你可以说："你没有追着奥运会看？""煤矿的工人救出来没有，你听说这事了吗？"或者说："你看过博物馆珍藏的马蒂斯的画没有，我听说非常棒。"

请注意：跟之前一样，我说的这些都很简单，只是起到抛砖引玉的作用。你当然可以根据自己的情况调整，或者根据自己的喜好来找话题，只要适合自己就行。

而且，我觉得我们自始至终都要学会观察，提出的问题不要涉及别人的隐私，至少应该在谈话开始的时候这么做。因为这样做不会那么咄咄逼人，而且，为了在社交中"利益"最大化，必要的时候，你得从某个人或某些人那儿抽身而出。如果特地问及他人生活方面的问题，很容易让大多数人觉得你在一群人中跟某人聊天的话题太过无聊。记住，不要完全没有目的地"闲扯"。从理论上来说，社交聊天应该感觉像在玩。从长远来看，稍微发挥点想象肯定会让你获得回报。

◎ 采访

当然，要想在社交中有所收获，最简单的方式就是向其他人提出很多问题。毫无疑问，对他人表现得好奇是人际交往的关键。不管你学会了多少沟通技巧，如果你对别人没什么兴趣，那么做什么都是徒劳的。不过，如果说这种方法仅是向对方提出问题，那也太简单了。（要是真有这么容易，也不会有这么多人写博客、写文章，谈论如何跟人交流，你也用不着看这本书了！）首先，你要问陌生人什么样的问题呢？很多人一紧张，就想到什么问什么，哪里还顾得上考虑哪些问题会令对方措手不及，也想不到什么该问、什么不该问。

再说了，仅仅向对方提问并不够，交换意见才是谈话的关键，才能活跃气氛。很显然，愿意倾听他人说话是一种美德。

最重要的是，社交活动中的谈话好比打排球，每个人都应该参与进来。对有些人来说，"采访"还真是一种不显山露水的技巧：如果老是打听别人的事情，你哪有机会介绍自己？而且，你老是追着一个人提问，可能会干扰一群人的交流，因为你一次只能"采访"一个对象。如果你走到莎伦和埃米莉面前，一个劲地跟莎伦说话，埃米莉肯定很快就去别处了。

尽管有诸多限制，但"采访"仍然不失为一种推进谈话的好技巧。如果你站在一个人旁边，很自然就会想到这种"采访"式的聊天方式。尤其是当你发现对方是个十分腼腆的人时，这种采访式的聊天有时还可能吸引对方。（也许对方还会反客为主，追着你提问呢！）

所以，请继续吧：假装你是芭芭拉·沃尔特斯、吉米·法伦或者特里·格罗斯（这三位都是美国著名的电台、电视节目主持人。——译者注），多多提问——不过，最好提出那种不是只能回答"是"或者"不是"的问题。（我不建议你们用查理·罗斯那种方式采访，提问题的时候像连珠炮一样，到头来连开头问什么都不知道了！）提出问题时，要把对方跟你提到的话题联系起来，让他的回答引出你的下一个问题。

最好在他回答的时候就准备好下一个问题，他的回答可能不长。如果他也有社交恐惧症，那他的回答可能非常简单，比如说："是的，没错。"或者回答："不，不是的。"你提问的时候，要仔细观察他的面部表情，看能不能从中发觉他生活中的某些迹象。如果你发觉了，就可能会引出不少话题，到时候你就能一路问下去了。

要做个出色的"采访者"，在采访对象不说话的时候，就得主动引出问题，这样才能启发采访对象好好回答。这样做还能提升谈话质量，对方回答问题时才会给出真实的答案，有来有往。比如，你可能发现这人刚刚搬了新家，你就可以说："自从我搬到金融区后，已经十年没搬家了。适应周围的环境可是让我花了不少时间——找到哪家的咖啡最好喝，哪家的外卖比萨最好吃，最好的干洗店在哪儿，附近最好的餐馆是哪家。我特别怀念以前那家夫妻经营的五金店。你搬家后感觉如何？"若是你能注意提问的方式，就会觉得"采访"顺风顺水，对方也会乐意跟你互动。

◎ **玩游戏**

还有个非常有意思的技巧，可以让谈话顺利进行下去。这需要一点勇气，但是，等你看到大多数人的反应后，肯定会觉得很惊喜。我自己就经常使用这个技巧，只不过我最近几年才注意到它而已，那时我正跟一个朋友在马萨诸塞州的斯托克布里奇过周末。我跟他争论了一天，到底我的外套是橙色的还是红色的（他觉得是红色的，我认为是橙色的），不过我们全程都是以开玩笑的口吻在争论。那天晚上，我们还去参加烤猪聚会了，不过我一个人都不认识。我的朋友倒是很快就融入进去了，留下我一个人照顾自己。我从来没有试过一个人傻乎乎地站在角落里，于是我走到一群人中间，融入了进去，用的就是"诚实策略"。

做完自我介绍后，不出所料，大家都没怎么说话，我刚才比较贸然的自我介绍显然让正在谈话的人有些无所适从。

这时，我突然有了一个主意。像是早就想好了似的，我问大家："你们觉得这件外套是什么颜色的？"他们吃了一惊，但对这个问题挺感兴趣。他们轮流回答我的问题，我注意到有两个男人说是"红色"，有个女人说是"橙色"。对色彩的感觉和性别差异的问题引发了热烈的讨论，众所周知，只要涉及性别差异的话题，人们准会踊跃发言，都用不着你去添枝加叶了。

在社交活动中，玩游戏往往会助推气氛。它能让新成员加入进来（"嘿，过来，我们有个问题要问你！"），还会让所有参与的人兴致大发（"我马上回来，先听听别人的意见！"）。而且，通过看别人怎么玩游戏，你还可以了解别人——想要了解一个人，这么做可能更轻松、更简单，而且有时候，这个办法还能揭露很多隐情。玩游戏绝对是最值得推崇的社交技巧，最能体现社交的精髓。

接下来，我给大家提供一些玩游戏时用到的话头。不过，你只需实践一两次后，就会发现自己也能想出不少话头。别忘了交际的首要目的（即便是商务性质的交际也不例外）：玩得开心！

"这东西是什么颜色的？"

"你在喝什么？等等，让我猜一下。"

"你的口音真好听，让我猜猜你是在哪里长大的。"（"你能猜出我是哪里人吗？")

"闭上眼睛，猜猜我穿的什么衣服（猜猜我的眼睛是什么颜色的）。"

"你只要告诉我你公司的三样东西，我就能猜出你在什么公司上班。"

"我和朋友的意见不一致，所以我想发起投票。你们男生怎么看这个问题：跟别人接吻算是不忠吗？"

◎ 对房间里的其他人发表看法

如果你参加的是一个非常大型的聚会，也许就可以用到这种方法了，没什么风险，却能收到奇效。尤其是当你没什么主见，并且总得找一两个人谈话的时候，这个方法非常有效（在小圈子里的效果最好）。

你现在要做的是指出聚会上的某个人（请务必在私下里），最好是房间那头的人，对其仔细观察。所有人都喜欢谈论其他人，这种跟人交流看法的方式无伤大雅，没准还能让你进一步了解跟你聊天的那个人，到时候你们或许会展开更私密的谈话。以下的对话内容没准你用得上：

"你看到吧台旁边的那个女人了吗？她戴的帽子是不是你见过的最拉风的？"

"看看安德鲁，我从没见他这么开心过。"

"看到门边那个女人了吗？你知道她是谁吗？我总觉得在什么地方见过她，但就是想不起来。"

"那是乔伊斯的儿子吗？都长这么高了啊。"

"你跟那边那个人聊过吗？她是你朋友吗？我觉得她挺有意思的（挺风趣的，挺神秘的，等等）。"

当然啦，这些对话也得看情况使用，到底是什么性质的聚会，见的是什么样的人。如果你参加的是万圣节的派对，那尽管痛快地去玩！提醒你一下：我可不是叫你去说人家的长短。有一点千万要记住，不管在什么场合下，都不要打听人家的隐私。谈论这档子事可能会让你陷入尴尬的境地，我不建议这么做。

◎ 不用顾忌陈词滥调

身为作家，我当然知道不应该使用陈词滥调，但我还是忍不住：我喜欢老调重弹，好比老歌，哼一哼让人觉得特别舒服。虽然我特别喜欢说些老生常谈的话，但并不是提倡大家都如此。只是我相信在谈话中娴熟地使用这样的技巧，绝对会让你获益匪浅。

反问句就特别管用。接下来的几句对话就是反问句的运用，或者是临时抖机灵，你可以学以致用：

"我不是在哪里见过你吧？"

"你不是经常来这儿吗？"

"像你这么好的女孩在这样的地方干什么？"

"你不是想暗示什么吧？"

"咱们还是不要在这样的地方见面了。"

虽然这样的聊天方式比较夸张，但作为开场白，或者紧挨着开场白讲出来都是可以的（事实上，只要不是开场白，这种反问的说话方式效果都不错），跟前面提到的老练程度测试有异曲同工之妙。最重要的是，这种谈话方式很容易记住。

◎ 关于眼神接触

要想成为一名社交高手，不是说找到合适的话题就万事大吉了。如果你在说话的时候盯着地板，或者盯着别人的胯部，即便你说出最机智的话，也是徒劳。事实上，许多人都认为聊天时眼睛在干什么，跟聊天的内容一样重要。眼神接触在社交中的作用非常突出，现在给大家介绍几个靠谱的方法。

别人跟你说话时，你的眼睛一定要看着人家。我没有开玩笑，别人讲话时，你一定要看着他的眼睛。眼睛能起到非常重要的作用，只要你看着别人，哪怕你魂不守舍，也会让别人觉得你在听他说。当然，你一定要竭力做个好听众（详见66页），起码你不能让对方看出来他说的话你一句都没听。

如果是你在说话，可以望向别处。当然，如果你正跟人激烈地讨论什么，也许就无暇他顾了，目光会不由自主地盯着对方，这很好。不过，根据人类交际原则，你在说话的时候，眼睛可以看向别处，即便如此，你看起来也仍然显得很投入。人在思考问题时，眼睛喜欢转动。因此，即使你眼神游离也没关系，只要对方继续说话的时候，你立即再次跟他保持眼神接触就行。这个方法真的很管用，尽管每次我提到这个方法时，人们总会颇感意外。但有一点要额外注意，你的眼睛不能在整个房间里瞟来瞟去，这样做太没礼貌。请注意：跟关系亲近的朋友在一起时，不必遵循眼神接触的原则。即使两个人都盯着台灯看，也无伤大雅。

我倒也鼓励你练习"东张西望"，因为想要成为社交专家，了解周围的动态很重要。其一，如果你知道抽身去哪里，那你会更容易脱身。其二，你或许需要一些技巧来"东张西望"，可以看看有风景的房间，也可以找"替代品"，这样可以让你看清楚周围的一切。我可不是建议你连别人讲话都不听了，只是建议你偶尔暗地里观察一下。

利用眼神加强效果。如果你学会了眼神交流，那么这个技巧说价值千金也不为过。许多人只会一个劲地找人说话，忘了眼神才是交流的核心。你可以通过眼神交流从人群中挑选出一个人，让他知道你想跟他单独聊。你还可以使用眼神，配合轻微的点头，指出房间里的某样东西。如果说话不能达到效果，或者不能准确地表达你的意图，那你可以用眼神代替语言：转动眼珠子（"噢，我知道了！"），闭上眼睛（"啊，这么糟糕啊！"），快速眨一下眼睛（"我想弄清楚这到底是什么意思，总觉得特别奇怪。"），或者扬一下眉毛（"哦，真的吗？"）。

我还遇到过可以抬起一边眉毛的人，用这个动作加强效果还真是厉害（"哦，一起来吧！"）。在你不知道说什么好的时候，你完全可以通过眼神跟人家交流一下，这样做还能让人家觉得你很会说话。

◎ 提示策略

这个策略三言两语很难讲清楚。没人愿意承认自己有时候会觉得别人说话特别无聊，或者别人对自己内心的想法一点也不感冒，每当这个时候，他们就会走神，心思就不在谈话上了。聚会上发生这种事非常尴尬。这就好比你在课堂上做白日梦的时候，当场被老师抓住，你肯定会觉得手足无措。

不过，我觉得"提示策略"是个非常管用的技巧，因为——虽然承认这一点确实让我觉得很尴尬——如果有人大费口舌地描述她是如何在度假屋里找到一个合适之处安放彩色垫子的，我八成会走神。谈话进行时，我会突然发现自己完全不知道那个女人在说什么。此刻，她说完后，正满心期待地等着我的回应。

即便你比我更专注，也会不可避免地遇到这种情况，比如你被刚出炉的烤牛肉吸引了，或者有个帅哥瞄了你一眼，你恰好分心了。在聚会时，如果别人正跟你说话，结果发现你分神了，这样的行为在社交活动中肯定会被视为失礼。回想这样的经历，我仍会觉得心有余悸，那一刻，肾上腺素都会飙升。不过，我很快便会镇定下来：不要害怕，"提示策略"会派上用场。

如果不幸遇到这种情况，你一定要记住对方最后说的几句话。否则，在没有其他提示的情况下，你可能会有点蒙。你现在能做的就是尽可能领会这几句话的意思，接下来最重要的是假装犹豫，这个法子屡试不爽。如果你跟那个女人保持眼神接触（在上面提到的那个场景中），那么对方应该不会怀疑你没有在听（除非你主动坦白）。请记住，其他人也会在想他们自己在沟通的时候表现得怎么样。所以，你可以这样说："那么，你是说……？""你的意思是……"还可以这样感叹："哇……"他们就会继续说下去了。

我向你保证，这种策略一定会收到奇效。虽然第一次尝试时你可能会胆战心惊，好像站在悬崖边上，但是，等你发现停顿下来提示对方的效果非常好时，你肯定会大吃一惊。销售培训课上有一种非常受欢迎的技巧，叫作"停顿达成法"，跟我们现在讲的"提示策略"如出一辙：如果有人突然停下来，对方会觉得很不自在，他们会下意识地结束这种局面。"提示策略"使用起来非常简单，别人说话时，你没领会对方的意思，可能只会"嗯嗯"两句，"提示策略"则是这种方法的升级版。请注意：你越能领会对方最后几句话的意思，就越能接上话茬，所说的也会更有说服力。

如果你使用以下的话接茬，那么别人将很难发现你没有留意他的话，还以为你正全神贯注地听呢。"提示策略"虽然效果很好，但只能使用一次。

"那么，你是说……"

"你的意思是……"

"哇……"

"那么，你想说的是……"

"呃，我对这事不大了解……"

"你说得太对了……"

"你在开玩笑吧……真的吗？"

"你不是认真的吧……"

"太酷了……"

"我就喜欢听这种事……"

"后来发生什么事了？"

◎ 回音法

"回音法"堪称"提示策略"的孪生兄弟，虽然这种方法会让人觉得呆板，但也不失为一种临时抱佛脚的好策略。要是你完全不知道别人在说什么，你就可以用这种方法，不过这种方法很冒险。当你觉得特别累，脑子糊里糊涂时，也可以使用这种技巧。这种方法对推动谈话并无实际作用，目的只是引领对方继续说下去，好比给飞机装上自动导航装置。我举个例子：

某某："……所以，我跟苏茜说在足球和课本剧中二选一。"

你："没错，要么足球，要么课本剧。"

某某："但她最好的朋友哈丽雅特两个都选了。所以，苏茜觉得她也应该两个都选。这下全乱套了。"

你："天哪，还真是这样，全乱套了。"

某某："有一点她必须清楚，别的孩子打算做什么跟她没什么关系。用不着跟人家比。"

你："没错。用不着跟人家比。"

没错，这种沟通的确没什么意义。请你记住：这是一种退而求其次的策略，只能临时拿来用一用。请注意：使用"回音法"时要面带微笑，笑出声都行。否则，对方会怀疑你真的没有在听。

◎ 慎用幽默

说到幽默，一件可笑的事情是，人们有时候总想表现自己有多幽默，但他们其实并不幽默。许多人看到一群人在哈哈大笑，就会觉得笑声是跟人打成一片的关键，因此推断那些人肯定很搞笑。但在社交的时候，如果幽默没用到点子上，那就出糗了。不要让这样的事情发生在你身上。

"想听个搞笑的故事吗？哈哈！真是太搞笑了，保证让你笑得肚子疼！有个人走到……太好笑了……等等……有个人走到酒吧里……哈哈……我是说，有个女人走到酒吧里，不是女人，哈哈，不是……实在是太搞笑了，你肯定会喜欢的，保管让你笑得合不拢嘴，等等……嘿，等一下，你去哪儿？"

这当然是个最极端的案例，但你肯定会惊讶地发现，很多人喜欢不分场合地秀幽默细胞，尤其是当他们感到紧张时。如果笑话真能起到效果，那你自然会获得丰厚的回报；要是没什么效果，那只能弄巧成拙。幽默是非常主观的东西，有没有效果完全取决于听众。多萝西·帕克（美国诗人、作家。——译者注）曾经说过："俏皮话和智慧有天壤之别。智慧里蕴含真理，俏皮话只是用语言堆积的健美操。"我并不是想教大家如何做个智者，但如何处理这种情况倒是有几个原则：

不要老想着做个风趣的人。你越是竭力这么做，越是适得其反。当你缺乏安全感时，你往往会表现过了头。

不要动辄开玩笑。除非你进入某个圈子后，发现大家正在这么做，或者你能确定你讲的笑话一定好笑，并且契合当时的环境（比如跟当天发生的事情有关，或者跟聚会本身有关，等等），否则你最好还是不要轻易讲笑话。要是在陌生人面前讲了笑话，包袱没有抖响，那就尴尬了（问问喜剧演员，你就会知道的）。

不要事先告诉人家你个人某段不为人知的经历很搞笑。

讲笑话的时候，切忌讲得过长。

不要怂恿人家笑。这就好比你在对人家说："嘿，你刚才在听我说话吗，你听明白了没有？"

自己不要老是发笑。 其实最好不要笑，除非别人都笑了。面带微笑就行了。

不要取笑他人。 如果你非得拿某个人来当笑料，那也最好用自黑的方式愉悦他人。

不要讲下流的笑话。 一定要避免说黄色笑话和粗鄙的笑话，除非你跟对方很熟。

不要说双关语。 很多人都不喜欢别人说双关语。比如说："我以前是个银行家，不过后来没兴趣（利润）了。"（英语中，"interest"这个词既可以做"兴趣"解释，也有"利润"的意思，所以这句话还可以解读为：我以前是个银行家，不过后来没什么利润了。——译者注）如果你拿捏得不好，就等着人家翻白眼吧。对了，我有时也喜欢用双关语（以防你注意不到），并且料到，别人通常都会哼哼两声，像是在说："我知道了，我知道了，还嫌不够惨？"

◎ 如何应对喜欢开玩笑的人

你们也知道，每次聚会时，通常都少不了喜欢开玩笑的人。除了脱身（下一章会讲到相关的内容），还有几种技巧可用。如果那人只是喜欢讲笑话，那你可以这样说："哦，没错，挺好笑的，可惜我已经听过了。"这样说既可以让对方闭嘴，又能解释你没有笑的原因。或者，在对方继续之前，你可以礼貌地笑一笑，说："我可得提醒你，本人可不大容易被逗笑。"

比如，对方正眉飞色舞地讲一些愚蠢的事情，一个劲地在那儿傻笑，若是你待在他身边，或者因为某些原因没办法脱身，你要么迁就这个傻瓜，要么反驳他。你可以这样说："真有意思，你怎么能笑成这样。"或者干脆不经意地闪过一丝不易察觉的笑，对方就会明白他讲的一点也不好笑。最后一种情况，有时候，对方讲的笑话的确不好笑，我们也不用放在心上。毕竟他们的本意是好的，可能只是对自己不那么自信，那只是试图表达友好的一种方式。

四　要不要让内心的情感溢于言表

这种情况很普遍，想必大家都经历过：参加聚会的时候，你心情非常糟糕。也许是因为压力爆棚，也许是因为很郁闷，你连跟人闲聊的心情都没有。你也不想强颜欢笑，很怕人家会问候你，因为你很怕把真实情况说出来，真实情况就是"糟透了"。你知道这个回答不会被人接受。打个不恰当的比方，好比脏衣服在社交场合得收拾好，不要拿出来示人。老话说得好："如果你笑，那么全世界的人都会跟着你笑；如果你哭，那你就一个人哭吧。"

但真要如此吗？你得时刻面带微笑吗？或者说，你能——你敢——将自己内心的情感告诉他人吗？有没有办法先将你郁闷的心情告诉人家，这样你在整个谈话过程中就不必抱怨了？

显然，如果参加聚会的人里有你的朋友，那你大可在他面前倒苦水，朋友不就是做这个用的吗？但是，即便你在一个满是陌生人的房间里，你也可以将你的情感状态告诉一些人。我相信，只要你谨慎处理，即便你心情糟糕，别人也会理解，只要你遵循以下几个简单的原则。

1. 不要试图以低人一等的态度看待跟你同病相怜的人。

　　如果你发现了一个跟你经历类似的人，最常见的做法就是比较你们的糟糕经历。对有些人而言，吐苦水就好比体育比赛一样，但你可千万别跟人比"谁更惨"。有一次，我在曼哈顿的上东区（Upper East Side）聚会上听到以下谈话：

　　男甲："你好吗？"

　　男乙："最近挺不顺的，你呢？"

　　男甲："糟透了。最近两个季度对我来说简直就是噩梦，收益又减少了。"

　　男乙："我的情况比你还要糟糕，我几个月前就失业了，连公司的保险都没有了。"

　　男甲："哇，真替你感到遗憾。不过，你至少不用辛苦地坐车去新泽西上班了。我每个周末都要去看望生病的父亲，因为到处都在修路，交通糟透了。"

　　男乙："我只希望我的亲戚们都住在新泽西。我要去费城照顾我的岳母。一连好几个月去那儿照顾岳母的滋味可不好受。"

男甲："真够你受的，伙计。我该走了。我十分钟之前就该回家了。"

男乙："十分钟！我两个小时之前就该回家了！"

（我知道我在这本书里说过，社交就像游戏一样。不过，要是像这样比谁更惨，那就没什么意思了。）

2. 不要将你的负面情绪传染给别人。

无论是在公共场所、办公室、家里还是在聚会的时候，消极情绪都往往会在人群中蔓延。你一时的坏情绪就像流感一样，是会传染的。就像我们咳嗽的时候会捂着嘴一样，在社交活动中，我们应该尽量避免把情绪低落这种"病毒"传染给别人。我的意思是说，如果你将自己心情糟糕的事情说出来，其他人可能并不会同情你，反而可能会觉得不舒服。你不应该抱怨，而且要很快切换到之前提到的"以假乱真"模式。

3. 如果真到了万不得已的地步，抱怨的时候也要幽默感十足，充满热情。

你得让其他人知道，你只是将自己的感受告诉他们，并不是责怪他们，也不是怪罪这场聚会。言下之意就是，跟他们见面正好可以让坏心情一扫而空。拯救坏心情还得靠你自身的魅力。

下面有一个小测试，如果你在聚会的时候心情不好，当别人问你"怎么样？"时，你是否应该使用以下的回答？让我们看看你做得怎么样。

回答一："呃，今天运气够差的，但我挺好的。你怎么样？"

（可以这样回答。这样回答的确没说实话，因为你的心情的确很差，但你也可以大方承认心情沮丧的事实，到时候你就不用掩饰自己的坏心情了。）

回答二："现在大部分人都过得不尽如人意，你同意吗？"

（不要这样回答。这样回答有点坏顾左右而言他的意思，但还是将厌世的心情暴露在人家面前了，这比遇上糟心的日子还要糟糕得多，你这样说的话，像是在脑门上贴了个标签：本人今天很沮丧。）

回答三："别问了。"

（不能这样回答。要是这样说的话，话题就没办法进行下去了，因为别人的本意不是要你就此打住。）

回答四："只能加油吧，你呢？"

（可以这样回答。即便索然无味地回答人家，也比郁郁寡欢好。不过，你最好希望对方有话对你说。）

回答五："喝点东西后感觉好多了！"

（可以这样回答。我喜欢这个回答。但你必须了解跟你在一起的人。）

回答六："哦，天哪，你听听就知道我过得有多惨了！"

（不能这样回答。听听你有多惨？呵呵，我为什么不到房间对面去跟其他人交谈？）

回答七："不怕告诉你，我今天心情一般。不过，我对你的近况更感兴趣。"

（可以这样回答。这样的回答很有水平，只要不表现得假惺惺或者一副高人一等的样子就行。）

回答八：（带着感激、温暖的微笑）"到现在为止，我只能说我今天过得很糟。"

（可以这样回答。这样回答很好，能达到非常浪漫的效果。谁能说得准呢，或许这样回答之后，你的痛苦生活很快就会出现转折了。）

五　倾听的秘诀

要想从糟糕的心情中走出来，最好的办法就是倾听聚会上的其他人说话。因为种种原因，有些人还真就更擅长倾听别人说话。你或许就是该学习如何更好地倾听别人说话的人，这没什么丢脸的。会倾听的人少之又少，你一定要掌握这样的技巧。

◎ 了解原因

为什么有人连个出色的听众都做不来？跟主流观点不同的是，在社交中，不会聆听的人并非一定是自私或者孤芳自赏的人。造成这个问题的原因有很多。

害怕。很多时候是因为我们脆弱，导致精力不集中。我们担心自己不能对谈话的内容做出正确的回应。我们或许会意识到，我们并不知道回应的标准是什么，担心自己会显得很蠢。就好比你害怕时肌肉紧张，大脑也会做出紧张的反应。在感到紧张或者难为情的时候，大脑很可能一片空白。你可能会担心文胸带露出来，或是担心牙齿上有菜叶。你可能会担心没记住别人的名字而被人发现了。不过，最大的担心要属"轮到你发言"，你却完全无话可说。有一次，美国国家公共电台（NPR）的史蒂文·英斯基普在早间新闻中就社交方面的问题采访我。他引用了电影《低俗小说》里的一句台词："你在听，还是在等着说话？"我想他这个问题并非针对我，却让我陷入了沉思。这种事也时常会发生在我们身上：很想说点什么，却又担心到时候想不起来。如果是这样，我们暂且不用理会，希望稍后能想起来。要是稍后想起来了，当前的语境又不适合了，那么继续现在的话题就可以了。因为将心思放在眼前的话题上更重要，无须插入所谓精言妙语以求达到一鸣惊人的效果。

目中无人。有时候，我们对某些人丝毫提不起兴趣，感觉昏昏欲睡，是因为我们潜意识里不想去听对方说话，觉得自己说得更好。尤其是当对方说的都是口水话时，有些听众可能会这么想：他说的我都听得懂，现在即使我在脑子里筹划明天的菜单，他也完全看不出来，只要我一直保持微笑，适当做出反应就行。如果这样想，自然会有抵触情绪，因为你潜意识里觉得自己更聪明，可以一心二用。你相信自己很有效率。不要以为我们真的可以一边听人家说话，一边做别的事情，到时候，哪样事情都做不好。现在的人情况更糟，大家都喜欢两件事同时做：一边走路一边发短信，一边看电视一边做作业，一边上网（或者发邮件）一边打电话。我们在一心二用的时候，肯定会感受到巨大的压力。比如，有人给我打电话，我会立即起床，一边洗碗一边接电话，或者一边整理床铺一边跟人讲话，这样才不会"浪费"时间。其实，我在做这些事情的时候，都没有集中心思，也从没有想过做别的事情会影响我跟人家说话，事实上肯定会影响。如果我坐在扶手椅上，全神贯注地跟人家说话，效果肯定会更好。

注意力分散。即便是那些没有患注意力缺失症（ADD）的人，有时候也容易注意力分散。比如，你发现一个重要的客户也来参加聚会了，你可能会觉得需要上去说几句话。又比如，你担心你的男朋友老是跟一个漂亮的金发美女交谈。如果你跟某个圈子里的人关系紧张，或者你的孩子本该在两个小时前就给你发短信的，那么他们在闲聊时，你肯定也很难听进去。在这种情况下，你最好告诉对方你注意力不集中，并说明原因，这样的话，若是你在别人说话时开小差，对方也会理解你。

◎ 聆听技巧

通常情况下，拥有不良聆听习惯的人不易改变，但借助以下方法可以提高倾听技巧。

听言外之意。在谈论本书中的社交技巧时，我曾要求大家偷偷扫视房间的情况，以明确下一个去处，或者避免不必要的麻烦。不过，如果你没办法好好听人家说话，那我建议你还是留在当前的圈子里多加练习——参与到谈话中。要想养成专心聆听他人的好习惯，不分散注意力，有一个好办法，就是一方面要注意别人都说了什么，同时还要思考他的言外之意。你不仅要学会听表层意思，还要琢磨对方的言外之意。要试着解读说话人的面部表情和身体语言。想想其他人在笑什么，他们何时最积极？弄清楚对方感兴趣的东西是什么，了解对方为什么要选择这样的话题。假设你是私家侦探，或是出色的心理医生，揣测对方的身份，判断她是高兴还是紧张。及时提出经过深思熟虑的问题将表明你不仅在听，同时还在思考！

不要一味地用语气助词。我们都知道，为了让谈话者知晓我们在全神贯注地听，大家都喜欢用一些语气助词，但我们也知道，有时候机械地听人家说话时，人们也喜欢用"嗯""嗯嗯"这样的语气助词。这种回应方式容易让人产生惰性。所以，还得说些更富有感情色彩或者带有鼓励性的话。比如说："我一直想了解这个问题。""这事我不知道。""这也太神奇了。"或者说："你的老板肯定会对你刮目相看。"能够做出这种回应的前提是你真的在听别人说话，你正好可以练习一下这种技巧。

不要仓促插话。耐心点，不要着急替人家把话说完。比如你说"我也是这么想的！"，虽然这样的话看起来像是在回应人家，或是在向人家表达同感，但事实并非如此。如果人家还没说完，你这样做只会弄巧成拙。所以，不要这样插话："这让我想起了……"或者"我也经历过这事"！当然，如果你真的有什么要补充的，那也无妨，但一定要让人家把话说完。要让别人从容讲出要讲的话。要想跟人投缘地聊天，首先得表现得很真诚，要有来有往，就像接球游戏一样。说话者要把球扔回给你，你才能接着说话。如果谈话被圈子里的其他人打断了，那也得等到第二个人把话说完，再回头接第一个人的话题："对了，你刚才是说……"

你得这样想：不要试图提出自己的观点，而是要完善别人的观点。在聊天的时候，表现得大方一些才会让其他人对你有好感。

当然，有时候你的聆听技巧没什么问题，注意力也很集中，只不过某人一直在那儿夸夸其谈，对时政高谈阔论，或是没完没了地说什么他的《英雄联盟》打到30级了。这种情况下，你最好抽身去别处吧。

Chapter **4**

第四章

巧妙脱身：摆脱困境和转移话题的技巧

这里所说的脱身，并不是指离开社交活动。我谈论的这个话题要困难得多：如何尽可能优雅地让自己从谈话中脱身。几乎每个人都知道，加入一场谈话可能很难，但从谈话中脱身更难。

我的一个朋友跟我讲了一个故事，让我觉得从谈话中脱身十分必要。他去参加一场商业性质的聚会，尽管他近来背部受伤了，相当痛苦。他希望聚会能转移他的注意力，让他忘记背部的伤痛，但身体的不适还是让他跟一位客人谈到了受伤的话题。"你的背受伤了？"那人对这个话题相当热衷。"天哪，你现在正在遭罪吗？！你这辈子都得被痛苦折磨了！我告诉你……"意识到提及这个痛苦的话题完全是他自找的，朋友想委婉地转换话题，后来甚至说自己没心情继续谈论下去了，但那个家伙并没有罢休。

"相信我，我理解你。你多大了，有35岁吗？不是我说话不好听，哥们，35岁以后，人生就开始走下坡路了。我跟你说，我的朋友大半都有背痛的毛病，还都是慢性病。但是，无论怎么着，一定不要做手术。

我告诉你，你做了手术，你的身体就算完了……当务之急是……"朋友无奈，试图走开，但那人仿佛盯上他一样，跟了上去。这段不愉快的经历堪称噩梦，总是挥之不去。之后的两个月里，朋友对聚会总是谈虎色变。

这么多年来，我听到的这样的故事不胜枚举，虽然大多数情况下没有那么可怕。大多数时候，问题只是你被一些谈话缠住脱不了身，但你更想跟其他客人交谈。在聚会上度过美好时光的关键是能够自主选择交谈对象，合理把握谈话时间。

就我个人而言，我发现让自己从某个人那里或某个小圈子中脱身而出，比融入某个棘手的圈子更难。事实上，摆脱某些人可能真要费九牛二虎之力，以至于许多交谈者干脆放弃，一味地迁就忍耐，一晚上的大部分时间都跟这个人耗在一起。停留在一场谈话中似乎往往比费尽心思离开更容易，尤其是当前的谈话并没有那么可怕的时候。我甚至知道有人是真的不想脱身，在聚会上，他会找一个跟自己想法一样的人，整晚都待在一个地方，跟一个人交谈，这样就不必为加入或退出谈话而担心。

请不要采取这种简单的方式。"社交"这个词意味着你不仅仅是跟一两个人谈话，如果你待在一个地方不知道（或者没想过）怎样脱身，那么无论你与对方谈得多投机，你都不是在与人交际。当然，如果你找到了你的挚爱或者知音（如果幸运的话，可能二者兼得），那你可能会拿定主意，待在一处绝不走开。这样做当然无可厚非，但这不是社交。社交需要你游刃于其中，所以你必须知道什么时候可以脱身，怎样脱身。

一 脱身的恰当时机

◎ 烦躁和其他不适感

显然，想从谈话中脱身，主要目的是借此摆脱自己在其中承受的痛苦。每个人都有自己痛苦的缘由，或许当时正觉得特别厌恶，或者特别无聊，饱受煎熬。通常在这种情况下，你的内心早已陷入恐慌，你不断地在劝自己（"对对，我一定要摆脱他……天哪，这简直糟糕透顶……他为什么就不能消停一会儿呢……好好，我知道我早晚可以摆脱他……"），但表面上你又面带微笑、目光呆滞（前文提到的"呆滞神游"），表现出一副认真聆听对方讲话的样子。

其实，你完全不用这么纠结。不管你被哪种人所困，白痴、醉汉、自说自话的人、色狼、偏执狂，甚至只是一个牙齿上沾满令人作呕的鹰嘴豆泥的人，你都应该尽快以一种优雅的方式脱身，再也不要搭理他们。请记住，在聚会中，你可以适当自私一些，不用觉得内疚。你参加聚会的目的是去享受一段愉快的时光，你有权决定自己吃什么、喝什么，也有权决定自己和谁聊天、聊多久。

◎ 不合拍

你之前去过酒吧吗？有没有这样的经历：你在酒吧门口徘徊时，突然觉得这种场合其实并不适合自己？日常交际中，你有时候可能会突然意识到走进了一个不适合自己的圈子，就像你把宇宙飞船降落在某个计划之外的星球上一样。我们应该坦然面对这类情况：聚会一般持续时间较长，在这段时间里，你会遇到形形色色的人。你一定不希望自己把时间都浪费在那些让你不舒服或者一点都不值得的话题上。如果出现以下迹象，就说明你与你的谈话对象可能不太合拍，这时你最好尽快脱身：

1. 对方在谈话中使用冒犯性的语言，或是过分向你灌输与你的观点相反的思想；

2. 谈话中弥漫着一种粗鄙、无礼的氛围（比如刻薄地八卦女主人）；

3. 谈话中似乎有一个"令所有人都崇拜的领导者"——意思是说，在几分钟内，某个人一直在控制着整个谈话，其他人都像追星族一样无比膜拜地站在旁边，听得呆若木鸡；（当然，如果你恰好特别喜欢听这个人讲话，那这种情况对你来说其实还好。）

4. 你在谈话中表现出"外星人综合征"。这种情况很少见，偶有发生，比如你的交谈对象似乎完全不懂你在说什么，而你也根本不明白他们在讲什么。无论你怎样尝试，你们好像都不在同一个频道。

◎ 保全颜面

大型聚会最大的优点是：如果你碰巧行为失礼，讲的笑话太冷，或者做了尴尬或丢脸的事，你随时可以扬长而去，另寻他处重新开始。你要做的就是忘记那些失败的经历，尝试跟新朋友聊聊新话题。

◎ 消失中的圈子

对社交恐惧症患者来说，这种现象是非常可怕的。通常在你意识到之前，它就已经发生了。你突然发现自己所在的圈子里，人越来越少。随着圈子逐渐变小，你也会越来越难以脱身。这种现象背后，总有一个特定的原因，导致圈内人员骤减。换句话说，圈子里有那么一个人在某种程度上是整件事情的导火索（希望这个人不是你）。如果不加以留心，你将会成为最后一个离开的人，和他（她）困在一起垂死挣扎，就像即将沉没的船上的最后一只老鼠一样。请密切注意这类即将消失的圈子，在一切还来得及时尽早离开。

◎ 最佳社交时间

社交中，平均每个人或每个圈子的最佳谈话时间一般为5～15分钟（虽然有些谈话只持续了短短3分钟，当然，效果好的话，有些谈话可能会持续30分钟，甚至更久）。或许你当时的确聊得很尽兴，但仍要适时脱身。我也知道，这时你多半不愿离开。但请记住，你来参加聚会的目的是认识更多的人。你可以给自己设定一个小目标，比如再去认识七个朋友后，再找机会继续之前的谈话。或者你也可以问问对方的联系方式，看看你们能否另约时间，两个人面对面地聊聊。平时应注意多从成功的社交互动中总结经验，并把这种经验应用于下次社交实践。

警告：过分热情的社交者有时节奏会太快。在这方面，我必须承认自己有时做错了。我过分讲求交际效率，想要体验互动带来的兴奋感，有时我猛然发觉自己在某个场合停留的时间不过短短60秒。而在这60秒里，你只会给周围的人留下极其模糊的印象，别人可能会问："刚刚那个人是谁呀？"

二　脱身礼节

◎ 知道去什么地方

在把本章提及的脱身技巧应用于社交实践前，最好先明确自己脱身后何去何从。理想情况下，你的下一个目标一般是某个人或者某个圈子，但也有可能是某个地点（比如洗手间、酒吧、餐桌旁等）。下列脱身方式或多或少都会提及同一个问题，即脱身后你打算去哪里。当然，就算你没想好，至少也要做做样子，假装动身去做自己说过的事情，免得彼此尴尬。此外，即便你只打算随便走走，也要提前计划好大概的路线和方向。首先，如果当时恰好有人在看你（我在第一章中提到过，这种情况发生的可能性比较小），那么此时就是你脱身加入另一个圈子的最佳时机。移动常会吸引目光，但如果没有设想好脱身后的下一个去处，那么最终你可能会处于一种迷失状态，让人觉得你是多余的。你独处的时间越长，脱离圈子的时间越久，越会觉得疏离。直到最后，你开始纳闷自己当初为什么选择离开那个圈子，如今怎样才能回到先前的谈话中。还有，更重要的是：如果你脱身时没有明确的方向，那么最初圈子里的人会备感羞辱，因为你给他们的感觉是，你宁愿一个人待着，也不想和他们一起聊天。

请时刻记住：谈话时（尤其是身边只有一两个人时）是观察周围环境的最好时机。别人和你谈话时，你要做到目光注视对方，和对方有一定的眼神交流。如果你所处的圈子人数较多，而且大家的注意力也没集中在你身上，那你可以适当扫视一下周围的环境。但千万不要被别人发现你在四处张望，这样会让大家觉得你很想离开。

◎ 社交生存的五条准则

社交有其自身的准则，与传统礼仪标准略有不同。从社交中脱身时，礼仪准则与社交生存的本能会产生直接的冲突。如果你正跟人交际，下列五条准则能为你从中脱身而出提供很好的指导和帮助。

1. 必要时，可以适度撒谎。

如前所述，社交中，你要忘记学校教的"乔治·华盛顿和樱桃树"之类诚实的故事。说不定乔治一点都不擅长社交呢！为了保证社交顺畅所撒的谎，是善意的谎言（详见20页，"说谎的哲学"），而且这是基本的社交脱身技能。

2. 没人知道你究竟在想什么。

即使是最好的心理学家，也无法读懂你确切的想法。大部分时候，别人知道的仅限于你明确说出来的或者展现在他们面前的事情。

3. 先己后人是多数人的共性。

社交准则如此，生活准则亦如此。如果你担心被人看透，或者十分在意他人对你的看法，那么熟记这一条将会对你大有裨益。

4. 相对而言，从别人那里脱身总好过让别人从你这里脱身。

如果你为准备脱身拖延太久，那么这条准则能适度激励你尽快脱身。聚会中，最尴尬的事情莫过于谈话对象离你而去，留你一个人孤零零地站在原地。

5. 变化即运动，运动即变化。

这一点适用于社交的方方面面（同样也适用于生活的方方面面）。社交中，最忌讳静态局面。

三　摆脱困境：12条脱身策略

◎ 自助餐脱身法和其他快捷实用的脱身借口

毫无疑问，这是最常用的脱身策略，尤其是在男士与男士之间的社交中（事实上，社交中存在非常有趣的性别差异）。你只需要耐心等待，在谈话间隙抛出以下任何一个理由即可：

"抱歉，失陪一会儿，我去拿些吃的。"

"稍等一下，我去拿点喝的。"

"我去补个妆！（女士表达上厕所的委婉说法。——译者注）"（是的，我有时会用这句委婉的话调侃一下。）男士常用的表达上厕所的委婉语句："稍等，我去见一下约翰（我去碰个头）。"猫咪爱好者表达上厕所的方式也很可爱："我去看看我的沙盒。"

"抱歉，我要去找一下我丈夫（妻子、男朋友、未婚夫、舍友等）。"

"对不起，我想去坐一会儿。"

"抱歉，我想出去走走（呼吸一下新鲜空气、抽根烟）。"

"你有时间吗？……别开玩笑了。对不起，我去打个电话。"

尽管这些大家熟知的借口很容易脱口而出，但除非十分必要，否则我一般不轻易使用。因为一旦你说出此类借口，就要言出必行，即使你并不想这么做，也明明知道你之前的谈话对象没在看你。好好的聚会很可能就这样被搞砸了。而且，你最后还可能会吃得过饱或喝得太多，有害身体健康，或者明明不想去洗手间，还要假装在门口排队。

此外，这类脱身技巧还存在一定的风险，即你想逃离的谈话对象提出和你一起去餐桌、吧台、沙发，甚至一起出去抽烟、去洗手间（打电话是唯一保险的脱身借口）。通常遇到这种情况时，你别无选择，只能畅快地答应对方，到下一个地方后，再另想他法甩掉他。同时，这也取决于实际情况以及你的借口有多老套，如果你借口说口渴了，却不给别人或圈子里的所有人拿饮品，那你自己都会觉得失礼。一般而言，脱身时，如果你说"马上回来"，但实际上并没有回来，也在多数人可接受的范围内。但任何情况下都不要只是口头上说帮别人拿饮品，实际上却一走了之。虽然我知道有些人会以最快的速度拿回饮品，再趁机离开，但这样做会增大顺利脱身的难度。

◎ 手机脱身

虽然智能手机对社会生活方方面面的渗透已成为当今的普遍趋势，但在我看来，聚会中应谨慎使用手机。当你打算结识新朋友时，你就应该老老实实地把手机放在口袋里。不过，手机利用得当的话，能恰到好处地帮你摆脱一些难缠的同伴。一定要假装自己的手机在振动，通常在聚会上，为礼貌起见，人们不会把手机设置为响铃模式（除非你在户外，或是聚会格外吵闹拥挤，再或者你家中有病人）。耐心等待谈话间隙，找准时机说"哎呀""哟"，然后再去找手机。你可以匆匆看一眼手机（利用手机成功脱身的关键在于你的面部表情，你必须表现出一副很歉疚的样子），一边满怀歉意地摇头，一边走向某个安静的角落或房间，去处理所谓的"重要信息"（回复邮件或短信）。随后，你可以重返聚会——当然，这时你完全可以借机加入另一个圈子，仿佛冥冥中有一股引力牵着你走向他们，或者假装自己忘了先前圈子的具体位置。

如果你特别想逃离某次聚会，但又觉得贸然离开有失礼貌，那么假装接电话是个不错的脱身方法。如果你决心离开，那你可以随意编造一个可能的号码，甚至可以编个有趣的故事，假装有人联系你。或者你也可以选择神秘的方式，夸张地挥挥手机，说："对不起，我必须马上离开，以后和大家解释。"然后，神色慌张地跑出去。

智能手表大大降低了手机脱身的难度，低头看一眼或者轻轻拍一下手腕，你便可以借助任何理由离开。但这种方法太过容易，几乎每个人都可能用，因此其实际效力也会减弱。作为社交老手，我不得不说，我就不喜欢别人的手腕上戴着智能手表，就好像农夫不喜欢看到早霜冻。

◎ 诚实脱身

所谓"诚实社交"，不是指真实性（与社交毫无关系），而是指坦率。如果你跟我一样，为人直爽，那么这个方法对你来说更适用。只有在你和别人（或一群人）的谈话已经进行了一段时间（十分钟左右）

后，这个方法才能充分发挥效用。这时，你可以一脸真诚地说："嗯！有幸结识大家，我非常开心，现在我该去多认识一些朋友了。"或者说："实在不想独占你的时间，咱们去别的地方结交朋友吧。"你还可以使用前文提到的一种开场白的措辞（详见35页）："非常抱歉，我必须去锻炼锻炼自己的社交能力了。"这类脱身方式一旦使用，则表明你已决心离开，没有任何商量的余地。同时，相比人们常用的其他脱身借口，这种方式更显诚实。坦白讲，这是在无须挑明自己毫无意愿继续这场谈话的前提下，最诚实有效的脱身方式。

注意：诚实脱身与诚实开场两种方法相结合，效果更好。如果你一开场就点明自己为人诚实，热爱社交，那么后期使用该脱身技巧时，别人也会更乐意买你的账。

◎ 悄无声息地脱身

这一条无须过多解释，参加过大型聚会的人们几乎都这么做过。有时候，你没有完全融入一场谈话——也就谈不上如何脱身了——那么你悄无声息地离开就好。

如你所料，这里所说的悄无声息地脱身与前文提到的淡入策略（详见24页）恰好相反。

耐心等待，当没人和你聊天或留意你时，开始慢慢后退。后退时，注意认真观察，以防退到中途，谈话的焦点突然转向你。估摸着差不多后退到人群的视线之外时，尽快脱身。

两点警告：一定牢记，只有你所在的圈子的人数维持在四人（包括你自己）或四人以上时，方可采用这一方式脱身。否则，你很可能在后退途中被发现，之后整个圈子的氛围会变得异常尴尬。一旦你被发现——即便你所在的圈子人数众多，这种情况也不是完全没有可能——你需要立即转换另一个脱身技巧。未雨绸缪，才能有备无患。

◎ 换岗脱身

要不是那天晚上在曼哈顿上东区参加鸡尾酒会，我可能早已把这个众所周知的脱身技巧抛诸脑后了。那天晚上，我的目光被一个浑身散发着无穷魅力的男士深深吸引，我与他在酒会之前有过一面之缘。他当时正和其他两个人聊天。我先采用"淡入策略"（涉及一点触摸技巧的问题，我在后文中会详述），对当晚的目标发起第一轮攻势。然后，我成功加入了他们的谈话。但令我始料未及的是，另外两人竟然立马开溜。惊讶之余，我意识到自己的加入给了他们很好的脱身机会。实际上，这种被动脱身方式也被人们广为使用。而我则像个傻子一样，定定地站在那里，目瞪口呆地望着那两个渐行渐远的人。（这件事让我想起一句俗语：人不可貌相啊！）

这一脱身方式奏效的原理是准则五：变化即运动，运动即变化。一旦新人或新能量进入了既有圈子，再调整（无论变化多微弱）便会自然而然地发生。新人的加入仿佛激起了千层浪，所有人都在等待尘埃落定，随即悄然离开。我也将这个策略称为"替代假想"，借此脱身的人假想已有新人取代自己，于是放心地离开。社交有趣之处便在于此，你可以抓住任何机会顺利脱身。但这种方式存在一个明显弊端：你必须等待时机，有新人加入时方可采用，而等待的时间可能是漫长的。

◎ 巧妙脱身

使用此方式会让你有种飘飘然之感——仿若自己是社交之王。然而，真正做到巧妙脱身谈何容易，要些花招是必不可少的。在一些极端场合，倘若恰当使用这种方式，脱身会显得自然而微妙，几乎无人察觉。

巧妙脱身三步骤：第一，掌控谈话；第二，转换话题；第三，脱身。知易行难，我们还是先看个例子吧。

假设起初你们四五个人一起聊天，随着谈话的进行，其他人都渐渐离开了，最后只剩下你和"炫耀狂乔伊"。那时乔伊还在喋喋不休地说着他办公室家具销售员的工作，而你已经被逼到一个角落。由于你没有及时发现"消失中的圈子"，你现在身陷对任何社交者来说都极富挑战性的境地。

但千万不要灰心，要相信自己一定能摆脱这个局面。深呼吸，集中精力，此时若想巧妙脱身，必须比之前任何时候都要警觉（正如你当前面临的窘境）。

首先，你必须集中精力认真听乔伊讲，如此，你才能抓住哪怕一丝机会来掌握谈话。比如，当他说"我目前的问题主要归咎于现今经济大环境，即便我们已经给出了清仓价，人们还是会要求打折，还指望我们的产品都有附加功能或额外赠品……"时，你可以趁机打断他："你说的'额外赠品'是指盆栽之类的还是花哨的会议室电话之类的东西？"（现在，你掌控了谈话。）

乔伊可能会回答："怎么说呢，会议室电话只是……"你再次打断他："我常常在想这类东西到底是谁买单呢？每次看到办公室里那些笨重的蕨类植物，我都会想，大楼该对它们负责吧，也经常会思考这些植物是怎么汲取足够的阳光生长的。还是说，它们是假的？可是也太逼真了，不是吗？我之前一直比较讨厌人造植物，但现在我持中立态度。"（此时，你已经转换了话题。）当乔伊忙于跟上你的话题时，你继续说："其实，人造植物无须浇水，也无须任何人工维护，也就是说，它们是低碳……"你一边说，一边把注意力转向房间的其他地方，表现出一副被其他事物深深吸引的样子，然后你轻拍一下乔伊的胳膊，说："抱歉，我先离开一会儿，可以吗？"（高调离开时一定要温柔有礼，保持微笑。）然后，快速离开。（你已经脱身。）

巧妙脱身确实没那么容易，务必谨记：如果你表现得如同谈话已经到了该结束的时候，其间你和乔伊也聊得甚是开心，但舞会已结束，那么你即便离开，也不失礼节。不要忘了，乔伊在聚会中可能已经被抛弃无数次了，这对他来说或许再正常不过了。一定要记住一点：当你被别人缠住无法脱身时，控制局面是唯一的出路。

◎ 握手逃离

这条脱身技巧同样涉及对谈话的掌控，但你必须在合适的场合恰当使用。在大型聚会中，最好是商业聚会，当你有把握之后不会再遇到同一个人（或同一群人）时，方可使用。换言之，你必须从一大屋子人中间走过，并且在应付这些人的同时想办法抽身，或者你有过人的记忆力，能避开那位"握手逃离"的对象。

假设你遇到了一个像"炫耀狂乔伊"一样话多啰唆的人，当你面带微笑地听他讲话，时不时用表情礼貌地回应他时，伸出你的手，直到他本能地与你握手，或者直接握住他的手（当然，如果他的手放在口袋里，这一招就不管用了）。热情地与他握手，直到他不再说话或是放慢语速。然后，你微笑着告诉他："很高兴认识你（和你聊天）！"随后，转身离开。另一种情况是，如果你们当时恰好处于一种相对无言的尴尬境地，那么"握手逃离"则更加容易，你无须费尽心思去想如何打断谈话，直截了当地与对方握手，随后离开即可。

◎ 替代品

多数人都耻于承认他们曾经使用此法从那些不理想的社交伙伴身边脱身，但我每次参加聚会，几乎都目睹过人们使用它。这种方式的聪明之处在于，它扣上了社交礼仪的帽子。但前提条件是，你至少认识聚会中的一个人。

想象一下，假如你正陷在一场看似没有尽头的谈话中，对方滔滔不绝地跟你讲她的新素食食谱——一道接一道，没完没了地说着。在你的大脑彻底麻木前，快速观察周围的环境，寻找你认识或曾经见过的人。此时，距离很重要，必须足够近，这样你才可以顺手把他拉过来。无论这位素食主义女士说什么，你都要热情地点头表示认可，同时把新人拉入你们的二人组。这时，你立刻就会觉得可以松口气了。以一种合适的方式，把新朋友（替代品）介绍给那位素食主义者，同时表现出一副你完全是为了他们好，劳心劳力地为他们（两个有共同话题的人）牵线搭桥的样子。一旦他们目光相遇，立即撤退，务必在30秒之内脱身，否则便徒劳无功。有时直接说"对不起，我有点事，先离开一会儿"，也可以作为"悄无声息地脱身"的替代方式。在舞会上，如果你在离开前已经为对方介绍了新搭档，那么你离开也不失礼貌。但一定要记住关键的一点：介绍完新人后，不管你是立即消失还是高调退场，都要把握好时间尽快脱身。

这种方式与"换岗"原理一样：转换角色，寻找替代品。当然，对那些经验老到的社交者来说，你的伎俩可能一眼就会被识破。事实上，我已经不知道多少次被别人当作替代品了，现在别人一叫我，我就立马明白是怎么回事了。同样，我也很无奈，只能尽快寻找下一个替代品，或者采用其他脱身策略。总之，在感情和社交中，替代品都是一种被广泛使用的脱身方式。

请谨记：如果你一味地被动等待替代品出现，那么很有可能等到听完那位素食主义者的所有食谱或者聚会结束（就看谁先谁后了），你都无法摆脱她。如果恰巧有你认识的人经过，那是天赐良机，但排除这种可能，你还可以变被动为主动。比如，你可以一边聊天一边挽着她（前提是只有你们两个人），自然地走到其他人或其他圈子附近。如果她还是没有任何停下来的迹象，你可以适时打断她，说："我可以去见见我的朋友吗？"或者你也可以说："我突然有些饿了，咱们去吃些东西（喝些东西）吧！"餐饮区一般聚集的人较多，那时你可以引诱一个陌生人（即便这个陌生人可能是调酒师）加入谈话，然后趁机脱身。

◎ 私人经理

如果你找不到替代品，那就想办法让别人主动从你身边离开。这个技巧需要一点演技和很大的魅力。指着房间里的另一个人，说："快看，她在那儿！……那边那位女士特别想见你。"还可以这么说："我本来发誓会保守秘密，但那边那个人正在派发免费戏票（礼品券/昂贵的化妆品）。"（务必要说得含含糊糊，不要指明这个慈善家到底是谁。）或是泛泛地冲一群人招手，说："我想那个人在找你。"当对方看起来糊里糊涂，问"谁找我？"时，你就告诉他："我现在看不到他了，但他刚才冲你招手来着……就在那边。"要想让别人主动从你身边走开，办法很多（你可以告诉他，吃的很快就没了，或是只剩下一瓶香槟了）。有一点很棒，那就是你可以不断发明新办法，直到找出可行的法子！

◎ 达成共识

这种情况十有八九不会发生，如果发生了，对谈话双方来说都是一种解脱，当然也可能会有点尴尬。

有时候，两个人聊着聊着，不约而同地发现彼此合不来——或者两个人都准备离开。彼此相视一笑，无须多言，就已心领神会。此时，两人之间的谈话已经结束，或者双方都深感一开始就找错了人。通常情况下，其中一人会羞怯地微笑着说："嗯……"对方则立即会意："嗯，很开心……"前者补充道："很高兴和你聊天。"双方礼貌地点头或握手后，便各自满心欢喜地去迎接下一次邂逅。这种干脆利落的"分手"发生的概率微乎其微，但也不是没有可能。

◎ 假装找人

下次你参加聚会时，尝试一下这个技巧，保证效果不错。采用这一技巧，需要一定的身体语言，尤其是眼神。

如果你厌倦了自己的谈话对象，用这种方式脱身最为容易。此时你或许早已心不在焉，抓住任何可能的机会环顾四周——因为你想寻找下一个谈话对象，或者单纯因为你的兴趣已消磨殆尽。尽量遵守社交法则，即一边说话一边观察周围的环境。但这次，别人和你讲话时，你的眼神可以游离一些。如果你能做到每隔一会儿看一眼对方，说不定你能成功。这个技巧就是给别人一种假象，让你看起来像被谈话之外的其他事物深深吸引——自己完全不受控制。此外，想要用好这一技巧，你还需要突然把目光聚焦在房间里的另一个人（想象中或真实的人）身上，大声说："哦！"脸上写满尴尬和疑惑的神情，好像自己是不经意间说出这句话的。然后，面带微笑，满怀歉意地说："非常抱歉，恕我无礼了，我进来后一直在找一个人，刚刚发现他就在那里，有些情况我需要向他了解一下。"或者说："非常抱歉，失陪一会儿，我刚刚看到一个五年未见的老朋友。"或者，也可以借口去处理工作上的事务："对不起，我刚刚碰到一个重要客户，老板特意嘱咐我一定要和他谈谈。"

"假装找人"这个策略可能会显得有些突然，但如果你足够用心，表现得特别真诚，它便是快速脱身的好方式。当然，这种方式略显大胆，但这也是它效果好的原因之一。人们一般不会质疑此类借口，但每次有人说要去喝点东西或者吃些什么的时候，别人常会怀疑，空气中总弥漫着一种尴尬的氛围。此外，这种方式还有一个优点，即传递正能量：你看起来好像有许多可聊之人，因此不能在同一地方久留——时刻要四处应酬。这也表明你是个很受欢迎的人。当然，你可以适当调整措辞，选择适合自己的表达方式。相比简单地说一声"哦"，有些人可能更喜欢说："什么……？！"（比如"她在这里做什么？！"）尽量选择脑海中最快闪现出的措辞，留给对方一种你会尽快回来找他们的感觉。如果你根本没办法脱身，该怎么办呢？

◎ 先发制人：躲球游戏

有时候，你的内部预警系统会提前告知你，是时候脱身了。在少数紧急情况下，有必要先发制人，以绝后患。

你正在独享安静的时光，细细品尝着酒杯里的马提尼，观察着社交环境。突然，你留意到聚会上来了一个新人，而她恰恰是你最讨厌的一类人。你每次看向她，她都在刻薄地八卦着在场的其他人。很不幸，此时她的目光看向了你，而且正朝你的方向走来。

这时，你最好尽快闪人。在她的目光扫向你的那一刻，千万不要犹豫，以最快的速度逃离她的视线范围。不要对她微笑，事实上，尽可能对她视而不见。然后，径直走向认识你的人群中，他们马上就能为你提供保护。

当然，这个女人很可能会对你的行为产生怀疑，这也是"躲球游戏"只能在面对那些最讨厌的人、缺乏修养的人和坏人时使用的原因。

四 紧要关头的脱身技巧

如果你想真正提高自己的社交技能，那么我强烈建议你一定要好好学习并练习我所提及的12条脱身技巧中的几条。然而，在紧要关头，你可以采用以下快捷紧急脱身技巧：

"等一下……"

"稍等一下，我马上回来……"

"非常抱歉，我突然想起来……"

"继续去社交咯！"

"我有点事，先离开一会儿可以吗？"

"抱歉，我身体有点不舒服……"

"我快饿死了，先去吃点东西……"

"抱歉，我的隐形眼镜……"

"啊……我觉得我好像丢了什么东西……"

"天哪，我的钱包不见了！"

Chapter **5**

第五章

一些非常聪明的策略：高级社交技巧

一旦你掌握了一些基本的方法，便可以试着提升自己的社交技能，调整自己的社交风格。请记住，你在社交的时候表现得越练达，就越能从聚会中得到乐趣，也越容易获得意想不到的收获（比如得到一份工作、升职、转运，或者只是有机会跟同事再次参加假期聚会）。虽然大多数读者没办法一下子掌握接下来要介绍的社交技能和技巧，但我想大家准会觉得这些技巧都很眼熟，有的更是很有价值。

一 受过良好教育的人该如何社交

◎ 转移话题小能手

你越是了解社交的真谛，就越清楚说话在社交中所起的作用。真正的社交达人掌握了五花八门的社交手段，而其中最有效的就是轻松改变话题的技巧。有些天生就擅长社交的人骨子里就有这种快速转换话题的本事，除非他们纯粹抱着娱乐的目的跟人交际，否则他们肯定会轻松自然地转换话题——拥有这样的技巧，才能在社交中立于不败之地。

想要高效地转移话题，你在谈话的时候就要适当地转移焦点，也就是说，你在听人家说话时，不仅要集中精力对别人的评论或问题给出答复，还要考虑把接下来的谈话引向何处。我可不是叫你开小差。要成为一名社交达人，不管别人说什么，你至少表面看上去要对人家的话题感兴趣。不过，你要时刻保持警觉，准备神不知鬼不觉地把谈话转移到你选择的话题上。

要想快速改变话题，最好的办法就是想象你正在建一座桥。你和你的交谈对象在一条河的一岸，你希望到河的另一岸去。而关键就在于找到建桥的材料，搭一座桥通往对岸。如果你只是简单地打断人家的话，毫无征兆地改变话题，也不管新话题跟原来的话题之间有没有联系，那么人家只会觉得尴尬，觉得你是个自恋狂。请记住，不能让人看出来你特意改变谈话的方向，要不露声色地转移话题，整个过程要表现得流畅自然。

举个例子，你和几个人在一起谈话，其中包括一个受人关注的建筑师、建筑师的丈夫，还有另外一个人。你想把话题引到建筑上来，因为你参观过那个建筑师设计的房屋，并且非常欣赏。然而，这个时候，她的丈夫正一个劲地说他们家的花园，你却觉得这个话题索然无味。其他人也都站在那里，被动地听着，顶多应和道："哦，我见过，挺漂亮的。"或者这样问："一年四季都会开花吗？"作为一个擅长改变话题的社交达人，你可以决定什么时候改变话题，但必须顺其自然，想想这两个话题之间有什么联系，选择一种联系，然后把桥搭起来。

比如，你可以转身看着建筑师，说："设计社区的房子跟设计花园差不多，对吗？"或者说："你跟设计花园和草坪的景观设计师熟吗？"这时候，建筑师就会回答了，你就可以让谈话按照你选择的话题继续进行了，如此一来，你不仅为自己创造了更有意思的聊天环境，而且（有可能）至少为小圈子里的另外两个人提供了更感兴趣的话题，你就偷着乐吧。

不得不承认，相比之下，有些话题更难被转移。有些人执着于自己的话题而不受影响。不过，如果你很擅长岔开话题，那就在必要的时候多动脑筋，或者干脆脱身离开。

还有一种迅速改变话题的方法，就是自由联想法。这个方法可以让你一直掌握主动权，就好比体育比赛中，发球的一方总是占据优势。举个例子，如果有人喋喋不休地谈论花，那你就记住"花"这个词，并联想另一个词，也就是第一个跃入你脑海里的词。换句话说，你可以这样想："花——蜜蜂"。然后，你可以对蜜蜂会不会对所有花授粉这个问题提出疑问，好像你对此确实困惑不解。如果对方回答了，你就可以安全地转换话题，说你特别害怕蜜蜂，或者对蜜蜂过敏。或者，你还可以提出这样的问题：蜜蜂蜇人后会不会死掉，这对蜜蜂来说是不是公平？这样大家就可以讨论蜜蜂是不是太凶了，蜜蜂是不是也很委屈，这个话题总比一个劲地讨论花和施肥有意思。

采用自由联想法改变话题一般有两个原因。第一，它比"搭桥法"更灵活，还可以引发更多的话题。也就是说，你不必从一个观点转移到另一个观点，你可以直接跳过第一个观点，因为第一个观点太无聊，让你抓狂，或者因为你想掌握谈话的主动权。第二，自由联想法之所以管用，是因为你很有可能迎合了其他人，他们可能话到嘴边，只是没说出来而已。所以，这个时候改变话题非常自然，让人看不出丝毫痕迹。一个社交达人采取这样的方法，可以迅速而巧妙地引导所有参与谈话的人改变话题，这样，所有参与者，包括主动改变话题的人，都能愉快地交谈了。

◎ 顺杆儿爬

改变话题还有一种比较极端的方式，叫作"顺杆儿爬"。懂得"顺杆儿爬"的人往往能够轻而易举地改变话题，并且能够巧妙地对别人的话给出一个看似相关的结论。如果一个人眨眼工夫就可以改变话题——既不会让人觉得奇怪，又不会太过无礼——那他在交流的时候就能够掌握主动权。如果你是一个"顺杆儿爬"的高手，就能将话题引到你想要的方向上。

还是以上文"花园"的话题作为例子，有人可能会这样说："花的种类太多了……我总是分不清。在这方面，我真是太差劲了！……对了，我忘记问了，这栋楼的楼龄有多长了？"或者这样说："呃，这件事啊，我不是很清楚，我只知道我现在真的饿坏了。"以上的情况十分常见，人们往往喜欢三言两语就得出结论。而以下这种情况则更为唐突，甚至没有总结对方的话就突然插嘴："你听说唐纳德·特朗普又离婚了吗？"即便他说的不是真的，也足以让对方措手不及。

比较而言，有些话题更迫切需要被转移。如果有人准备在你女朋友面前提及前妻的敏感话题，你可能不会等人家把话说完，就出言打断了，或者把话题引到别的方面。比如，你会说："对不起，那是颗痣吗？在你脸上？你最好看看，怕是会影响你的美貌。"还可以这样说："对不起，这是我第二次记起昨晚那个奇怪的梦了。"甚至可以说："等等……我好像有种似曾相识的感觉！"

请注意：如果你根本没在听对方说什么，就不要使用"顺杆儿爬"的方法了。（这种方法不能作为"提示策略"的替代方案。）另外，在有些情况下，并不适合使用这种方法，比如对方正在谈论他们家死去的狗或者即将到来的癌症手术时，你还是不要转移话题了，到时候对方准没好脸色。

◎ 重复法

你遇到过这种情况吗？在婚宴上面对几百号来宾，你不得不挨个跟人家说话。没准说着说着，你就词穷了，你脸上的笑容也会越来越僵硬。碰到这样的情况，真是叫人绝望，幸好可以使用"重复法"来进行社交。这种方法特别适合接待仪式、授奖仪式等以你为焦点的场合（比如你的亮相派对、你的艺术展开幕式、你的15岁生日派对），在这种情况下，客人会络绎不绝地来到你身边。

比如，你是婚礼上的首席伴娘。你穿着一套粉红色雪纺绸伴娘裙（衣服的款式很糟糕）和一双粉红色舞鞋站在那里，鞋子一点也不合脚。这些或许还不是最糟心的，你得挨个跟接踵而来的客人握手，而且大部人你都不认识，将来就是再见面，你也不会放在心上。和每个人说话的时间也就短短几分钟，因为你一心盼着接待仪式早点结束，你就可以去润润嗓子，垫补垫补肚子了，所以你很自然地摆出一副非常"消极"的姿态，强装笑颜，反复向那些夸赞你漂亮或婚礼一派喜气的人道谢。

当然啦，这种社交行为完全能被接受。但是，如果你觉得参加这种俗套的接待仪式是迫不得已，那些客人也觉得这种仪式很无聊，为什么不尝试一些有趣的方法呢？毕竟你的目的是让所有社交场合都变得有趣。相信我，如果你能够在婚礼接待仪式上跟人家说出妙趣横生的话来，那么在任何场合，你都能应付自如。你可以使用以下方法。

把第一个人对你说的话记下来，如果第二个人向你靠近，你就套用第一个人对你说的话，学以致用。举个例子，比如史密瑟斯夫妇对你说，新郎和新娘这么多年来终于走到了一起，真是缘分。接下来，如果约翰逊先生前来问候，你可以跟他说同样的话："新郎和新娘这么多年来终于走到了一起，真是缘分不浅啊。"然后，约翰逊先生说他们真是天造地设的一对，你也可以把这句话原封不动地对下一个人说："乔和萨莉真是天造地设的一对。"然后对方说，是啊，她从没见过这么漂亮的新娘。接下来，你也可以说你从没见过这么美的新娘。

灵活地使用重复法，你反而可以不用老重复一句话，而且不用老想着得说点有新意的东西。虽然我所举例子中的这些话一般人都能想到，但如果你在社交的时候感到身心俱疲，何不让他人代劳，这样你就会感觉轻松得多。适当借用他人说的话未尝不可，别人还以为你生来就善于交际。事实上，没准人家还真会觉得你永远都不会词穷呢。

其实，"重复法"在"正常"的聚会中也用得上，虽然用起来感觉有些做作。比如在某个大型聚会上，你先是在一群人中听到了某个言论，等你跟另一群人打成一片后，你完全可以将先前听来的话对这群人说（有时候，甚至可以用作开场白）。比如，有人说这是主人今年举办的第十场聚会了，等你加入另一个圈子的时候，如果需要你发表言论，你就可以重复这句话，尤其是当你所说的内容与这次聚会有关的时候，一般来说，只要出现谈话中断的情况，你就可以抛出这句话。

注意：偶尔也会出现这样的情况，有人可能知道你这句话是从别人那儿听来的，也许是因为他起初跟你在同一个圈子里，或者是因为这句话带有浓厚的个人色彩。如果你觉得会被人听出来，那么最好的办法就是表明出处。比如，你可以说"某某说……"，这样就不会有人认为这句话是你剽窃的了——但你还是要习惯使用这种技巧！

◎ 琐事怡情

有些人天生就能记得一些非常琐碎的事，有些人（比如我）就没有这样的本事。对于那些天生就大大咧咧的人，我是没有办法把他们变成万人迷的。不过，如果你脑子里能记得一些琐碎的事，在社交的时候，你就有天然的优势，只要你遵循以下原则：

1. 如果手里有料，那就抖出来。

如果你真的知道一些逸闻趣事，那就一定得告诉大家。逸闻趣事跟社交是一对孪生兄弟——都让人觉得轻松、有趣、无伤大雅。不过，也不要头脑一热就叽叽歪歪地不停爆料，这样挺招人烦的。

2. 等待合适的时机。

时机的选择非常关键。即使是跟人分享有趣的事情，也要跟当前的谈话有关，而且要选择合适的时机，这样看起来才不会太牵强，否则的话，别人会觉得你在卖弄。举个例子，如果你想证明你知道一个很长的单词"arachibutyrophobia"（花生酱恐惧症），那么聚会上最好有人在吃花生酱。

3. 不要将话题故意引到逸闻趣事上。

这是大忌，即便你完全有这样的能力也不行。如果你想到一件有趣的事情，非跟人分享不可，那就另当别论。不过，也不要在上面花太多时间和精力，特意为这件事情大肆铺垫一番。到时候可能事与愿违，那就非常尴尬了。事实上，你应该坦率地讲出来，讲完后，还可以表现出一副对八卦并不感冒的样子。轻描淡写地讲出趣事，效果反而会更好。

4. 留心听众。

在讲述逸闻趣事的时候，你一定要仔细观察。圈子里的其他人对这种事情是否感兴趣？有时候，人们觉得这种八卦消息会干扰原来的谈话，甚至会感到无聊。你只有观察别人的反应，才能知道人家感不感兴趣。他们有没有翻白眼？眼睛有没有看向别的地方？有没有人老是清嗓子？一定要弄清楚人家有没有讨厌你。

◎ 如影随形法

这种方法在社交中使用非常频繁，我知道许多人都喜欢用。虽然我不是特别鼓励，但这种方法在整场聚会中都能使用。

许多人在参加社交活动的时候都会不假思索地使用这种方法，因为它非常简单，只需要跟着一个人不断转场就行。

比如你去参加某个聚会，可除了女主人外，你一个人都不认识。不用担心，你只需抓着女主人，时刻都不撒手（当然，这只是比喻的说法，我肯定不是叫你在整个聚会期间抓住人家的衣摆或者裙子），让她领着你到其他人面前，把你介绍给他们，或者直到有新的客人加入你们。不要怕，如果主人还不错的话，不出几分钟，你就能跟别人混熟了。现在你既然已经结识了新朋友，那就可以跟着这个人去别的地方了。在那里，你又能找到一个人，然后跟着他四处走动。通过这种方法，你就能到处找人聊天了，在别人看来，你的朋友一点也不少，你也绝不会缺聊天的伙伴。如果出于某些原因，主人没有将你领到别的客人那里，只是朝房间那头做了个手势，说一句"不要拘束"，这时候，你仍然可以使用"如影随形法"——你在用其他社交方法向一两个人做过自我介绍后，就可以依样画葫芦了。

"如影随形法"的关键在于跟随。就像一个经验丰富的侦探跟踪某人一样，看到你跟随的对象离开圈子，你也要不露声色。先等几秒钟，然后很随意地跟上去。还记得"换岗脱身"技巧吗？看到别人离开后，你只需紧跟着对方，就可以顺理成章地抽身而出，前提是你的动作必须够快。那个人看到你跟着他加入新的圈子，也只会觉得是巧合，或者只是认为你对他说的话感兴趣，想再听听。

请注意：要尽可能频繁地更换跟随的对象。跟一个人在一起待得太久是违反社交的基本原则的。不要忘记我之前说的话：社交达人通常都是单独行动的。（当然，我可从来没说不需要别人的帮助。）

◎ 蝴蝶穿花（只适用于社交达人）

想象一下夏日的乡村草地。如果你在这个季节去乡村的草地上玩，就会看到蝴蝶在花丛中翩翩起舞。有时候，蝴蝶会停在一朵花上，有时候又像蜻蜓点水一样，在花朵上轻轻一点就飞走了。蝴蝶来去自由，在每朵花上做短暂停留，翅膀振动之间，花香便会长留。

请原谅我在这里过于诗情画意，但你必须这样想象，才能尝试挑战

"蝴蝶穿花"的技巧。正是有了这种技巧，社交才会变成一种艺术。而且，与任何真正的艺术一样，这种技巧很难具体描述出来，或是给出一步步的指南。

"蝴蝶穿花"包含本书中的其他技巧和方法。你可以根据自己的情况任意使用各种社交知识和你的本能，你的目标就是在人群中自如地穿梭，在每一小群人中停留30秒左右，了解他们的情况。如果你觉得这群人挺有意思，可以互相交流，那就融入进去，停留五六分钟的时间。然后，你再离开，也许这群人会对你的离去惋惜不已，希望你能待得更久些，盼着你等会儿还会回来。

既然将这种方法比喻成蝴蝶穿花，那么你在使用的时候，待人接物一定要有礼貌，不要把事情弄得太复杂。如果你真的觉得这种方法切实可行，自己又有社交方面的天赋，那就尽管使用。毕竟实践才能出真知。不过，坦白说，我并不推荐大部分人使用这种方法。

二 如何做个信心十足的社交达人

如果环境合适，你又想大胆尝试一番，以下小技巧可以给你的社交生活加些作料。不过，跟上文讲述的那些社交技巧不同，下面说到的小技巧只能偶尔一用。每次聚会的时候，一种小技巧顶多只能使用一两次。

◎ 假装认错人

我知道大家在二流电影中见过无数次这样的手段。这种方法最先是用来搭讪的，所以，除非目的纯粹是跟人交谈，否则我是不会使用的。估计你也猜到了，这句话并不陌生："对不起，我以为你是某某呢！"这话虽然老套，但很管用，因为大多数人会觉得要不是真认错人了，谁也不会这么说吧。

这种套近乎的开场白用起来很有趣，而且颇有效果。最简单、最靠谱的方法就是从"目标人物"身后满怀信心地碰（或者拍）一下他的肩膀，露出灿烂的笑容，像是在说："见到你真是太开心了。"等到那人转过身来，你脸上的笑容慢慢消失，取而代之的是一脸惊讶、不解、害羞。然后，你可以这样说："对不起……从后面看，你还真像我认识的人（老朋友、邻居）。"我有时候还会加一句："天哪，这么说还真像电影里的对白，不是吗？"反正，话说到这个程度，你可能已经或多或少地融入这群人中了。然后，你就可以继续顺着你"认错人"的套路聊下去，当然也包括简单地介绍自己。

你可能也想到了，"认错人"这种策略还有更为简单粗暴的方式，虽然能给人留下深刻的印象，但也有可能让你陷入麻烦。你可以掐一下那个人，还可以轻轻地拍一下他的屁股，甚至在他的脖子上亲一下。这些动作虽然能表明你跟他的关系十分亲密，但等你发现你"认错人"后，也会给你带来尴尬。这些更为极端的方式可能会造成不利的影响：

对方通常会丈二和尚摸不着头脑，其他人也会十分错愕，觉得你的加入会引人不快。

一定要记住一点：这种小伎俩可能会带来事与愿违的结果，说不定对方会充满敌意，而你说谎的本意是想在撤退的时候，不用落得颜面尽失的下场。毕竟，你真正要找的人不是他，对吧？你也不是真心实意地要加入这个小圈子，一切都是误会。离开的时候道个歉，轻松自然一些，再去别的地方尝试（一定要去房间的另一头），或者改天再使用这种技巧。

◎ 单刀直入（只适用于社交达人）

请注意，这种方法只适用于社交达人。虽然我很少使用这种方法，但一旦成功，还是很有意思的，所以千万不要畏畏缩缩。

假设你是个社交达人，在社交界纵横好几年了。想象一下，你正参加一个有趣的聚会，这让你觉得很刺激。跟一群人聊着聊着，你觉得无聊了，便想伺机离开他们。现在你环顾四周，寻找新的社交伙伴。突然，你发现有四五个人在蛋糕桌旁谈笑风生。他们看起来关系不错，你来了兴趣，想要加入他们的圈子。你快速在脑海里过了一遍该采用什么社交策略，最后决定……单刀直入。你准备好后，深吸了一口气，勇敢地走向那群人，不假思索地从两个人中间挤了过去，没等他们停下谈话，便兴致勃勃地高声说："嘿，大家好，我好像从没见过你们。对了，我叫……"

使用单刀直入的方法时，话不宜说得太多。你得表现出一种态度，就是虽然你是个不速之客，但你认定你跟大家说话的时候，所有人都会觉得很开心。你也许能猜到，采取这样的方式有点冒险，甚至会遭人厌恶，所以，在说完开场白后，你一定要表现得非常热情。你要向大家表明你的善意，同时，你必须引导他们聊上几分钟。你这样单刀直入地加入他们的圈子后，对方也希望你这么做。

至于用什么开场白，并没有特定的要求，你甚至可以使用前文提到的"玩游戏"的策略（详见50页），向对方提出问题（"对不起！你们觉得这是什么颜色的？"）。通常在这种情况下，提问可能会略显粗鲁，不过，要是问题还不错，可能会有人立即接过话茬，这样你也会更快地融入这个圈子。问题最好能引发争议，或者带有投票性质，比如你可以说："嘿，你们怎么看待史密斯公司的货仓被烧事件？"你这样说，不仅为你突然打断他们的谈话提供了很好的借口，而且还会让他们忘记你的冒昧行为。

单刀直入法是一种非常直接、非常大胆的社交技巧，获得成功后，你肯定会有一种极大的满足感。然而，要是事与愿违，那你也可能遇到大麻烦。有一次，我觍着脸跟一群人说："嘿，你们好！天哪，这里是不是太热了？"你可能会觉得我说出了某个人的想法，但所有人都看着我，惊讶的表情里带着一丝厌恶。有个男人说："对不起……我们正在谈事呢！"听到这话，我只好灰溜溜地夹着尾巴走了。当然啦，我很快就恢复了元气，你也可以如此。

◎ 引经据典

我的很多朋友是这种交际技巧的忠实粉丝。碰到棘手的情况，特别是在某些特定的圈子里，这个特殊的技巧能迅速拉近人和人之间的距离。如果你想引人注目，又没使用过这种小技巧的话，那你真的应该尝试一下。

这个技巧是这样的：如果有人说的话让你或其他人觉得很不自在，或者你不知道该怎么接茬了，抑或是你觉得时机不错，那你恰好可以引经据典，比如引用电影或电视节目里的一些经典台词。你的听众会喜欢的，因为这样能够很快消除大多数人的紧张情绪。不管你愿不愿意承认，电视和电影一般都比种族、宗教、财务状况或职业这样的话题更容易让人产生共鸣。特别是现在正好碰上电视的黄金时代，人们更愿意谈论他们喜欢的电视节目。

人们在引经据典时会想起一些能引起共鸣的文化意象，这样做的好处是可以释放心理紧张情绪。有时候，你记得某句话是怎么说的，但死活想不起出处了。即使是这样，也会管用，因为这是文化特有的现象。这种技巧一般都能起到活跃气氛的作用，而且还能让谈话停顿下来，让你有时间改变话题，甚至脱身。使用这种技巧时，要遵循两个原则：一是选择大家耳熟能详的话（因人而异，比如，你在跟一群人讨论戏剧，就可以引用契诃夫的话）；二是引用的时候不要出错。

请注意：如果别人不是特意说起，你就用不着提到那些话的出处是哪里。（如果他们非要问，反而是不好的兆头！）

以下这些都是我喜欢的台词。（请注意：我喜欢引用一些经典的台词。你可以根据自己的喜好来。）

台词：

"我觉得这是一段美好友谊的开始。"（《卡萨布兰卡》）

适用场合：

别人赞美你表示友好的时候，或者你递名片之前。

台词：

"坦白说，亲爱的，我一点也不关心。"（《飘》）

适用场合：

受到侮辱，或者应对不好的消息或流言蜚语的时候。

台词：

"再过几年，你谈及这个话题的时候，就会和颜悦色了。"（《茶与同情》）

适用场合：

失态后，比如一个女人没有怀孕，你却问她什么时候生产。

台词：

"枪留下，煎饼带走。"（《教父》）

适用场合：

在酒吧或自助餐厅里，排在你前面的人一直磨磨蹭蹭，挡住了其他人的去路。

台词：

"我恐怕不能这样做，戴夫。"（《2001太空漫游》）

适用场合：

在聚会上，有人叫你做你不想做的事情（比如，玩啤酒乒乓球的游戏，偷偷爬到屋顶上）。

台词：

"系好安全带，今晚将会非常颠簸。"（《彗星美人》）

适用场合：

见到有人争吵，或者有人被侮辱，或是看到主人不请自来的前妻出现时。

台词：

"这完全是另外一回事。"（《绿野仙踪》）

适用场合：

拖延时间，或者平息争端的时候。

台词：

"请帮帮我，欧比旺·克诺比！"（《星球大战》）

适用场合：

在人前尴尬失礼时，比如忘记主人的名字了。

台词：

"我今日所做的事远比我往日的所作所为更好。"（《双城记》）

适用场合：

准备给人夫拿酒的时候，别人请你帮忙后，或者去洗手间排长队的时候。

台词：

"连汤都没有你喝的！"（《宋飞正传》）

适用场合：

在自助餐桌旁，发现食物没了，或者因为食物的问题做出失礼的举动，感到十分尴尬的时候。

台词：

"这是你最后的答案吗？"（《谁想成为百万富翁》）

适用场合：

有人回答了一个问题，你觉得答案完全是错误的。

台词：

"我们要'一脱到底'吗？"（《光猪六壮士》）

适用场合：

第二次去自助餐桌旁的时候。

台词：

"传送我吧，斯科蒂。"（《星际迷航》）

适用场合：

把台灯撞倒的时候，或者发现某某的女朋友恰好是你的前女友。

台词：

"我们需要一艘更大的船。"（《大白鲨》）

适用场合：

一大群人到来后，为了活跃聚会的气氛，或者有人带来一箱龙舌兰酒的时候。

◎ **其他小技巧：穷途末路时，如何说开场白**

你得先有个心理准备，因为这个社交技巧对有些人来说并不讨喜。但我只能说，我经常看到有人用这个技巧，孩子用，成年人也在用，而且效果不错。虽然这个社交技巧可能会引人不快，但我必须承认，我也会在适当的场合使用，而且效果出奇地好。如果使用得当，你准会成为聚会上的明星。

准备好了吗？想象自己是个落魄的女子（男子也行，性别什么的无妨），将别的客人当成你的救星。如果你希望别人在你穷途末路的时候搭救你，那你得这样做：（1）说明目的；（2）奉承他们；（3）让自己处于弱势地位；（4）最重要的是，你得有话可说。

使用这个技巧时，我最喜欢设置的场景是让其他人"保护我"。比如，说过开场白后，接着我会这样说："听着，聚会上有个人，我一直在躲着他。我没办法告诉你他是谁，不过，我希望你能帮我一个大忙，如果你看到我这样做……"——说话间，你在对方面前稍稍做个手势，或者用眼神暗示一下——"如果可能的话，希望你能帮我过去看看。"一般来说，对方会很好奇，想知道那人是谁，想知道我为什么要躲着他。我当然答不上来，因为这件事情本来就是我瞎编的（我可以说我不想让别人知道那人的身份），但接下来我肯定会跟人家聊得火热。而且，通常情况下，不管我有没有做出手势（一般情况下，我还真不会做），人家都会留意我的动向。如果你在聚会的时候多使用几次这个策略，那么你整晚都会有活干了，所有人都会想，你身上到底有股什么神秘的力量。

还有，你在使用这个策略的时候，应该尽可能多向几个人求助，这样你获得的信息会更多。你可以对甲说，你听说一个重要的生意伙伴要来参加聚会，如果那人来了，请甲赶紧告诉你。如果甲不认识他，你还可以拜托人家帮你打听一下，看看谁认识他。晚些时候，你还可以跟乙说，你想搭顺风车回家，不知道他是否认识跟你同路的人，有的话，请他告知你一声。见到丙时，你可以再编一套别的话来故技重演。

其实，不管你向他们打听什么都无所谓。当甲、乙、丙都没有你想要的答案时，你后面说的话才是重点："好吧，请你帮个忙，如果你知道了，请一定告诉我。"这样一来，如果你问了不少人，那么整个晚上都会有人找你说话。让其他人参与进来，既能确保你在聚会的时候不会变成局外人，还能丰富你的交际圈子。

◎ 多敬酒

大多数人只会在婚礼或者颁奖晚会上敬酒。在吃饭的场合敬酒，目的显得更直接，但你可能想象不到，其实在任何场合、任何时间都可以敬酒——即使在社交场合也不例外。

"任何时间"说得稍显夸张。首先，你手里得拿着一杯酒吧。但是，假如条件不怎么允许，你也可以在特定的时间点敬酒，能达到不同的效果。比如，你可以掩饰自己失礼的举动（"为地毯清洁工干杯！"），平息争论（"为不同的意见干杯！"），沉着应对羞辱（"为礼数干杯——你将来还真得学学这玩意！"），甚至可以以此为借口，离开某个小圈子［"为大千世界干杯（不管你们在讨论什么）！失陪了。"］。

当然，你还可以在更加明显的情况下敬酒，比如有人给你端来一杯酒（"真有你的，谢谢！"），或者在某人宣布完一件重要的事情后（"为杰夫的新工作干杯！"）。你还可以借敬酒改变话题，尤其是不希望别人的注意力放在你身上的时候，比如有人问了你一个你不愿回答的问题，或者那个问题让你成为全场关注的焦点，令你不舒服。你可以从聊天的人群中找个人出来，向他敬酒，或者找个很私人的话题，然后以此敬酒。

通常情况下，你会等待一个谈话的间隙去敬酒。但是，这种情况也很常见：如果你在别人说话的时候举杯，那么说话者也会停下来（有时候，话只说到一半），这时候你就可以去敬酒了。我们得习惯这样的场合，不管我们在做什么，当有人举杯的时候，我们都应该迅速把注意力放到举杯的人身上。敬酒是一种很强大的社交武器，谈话的时候，尤其能派上用场。

敬酒小贴士：（1）敬完酒后，不要一口喝完，除非你的杯子里本来就没剩多少了，或者你是在某个特定的地方（比如俄罗斯），把酒喝完才符合当地的风俗。（2）如果别人给你敬酒的时候，你的杯子是空的，那你也得端起来，以示礼貌。不要假装喝酒，也不要说："等等，我先倒上酒再说。"（除非是在大型聚会上，盛满酒的酒杯随处可见。）

三 老练的身体语言

不是所有的交谈都是靠嘴巴完成的，你的每一个动作都是身体语言。学会使用身体语言在生活的各个领域都很重要，但想要成为社交达人，你可能必须了解三种特殊的"身体语言"。

◎ 神秘策略

这个策略主要跟姿态有关。到目前为止，我一直在教大家社交的时候要说什么，在什么时候说，怎么说。但有时候在社交中，最好什么都不要说。

为了更好地使用这个社交技巧，你首先得端出这样的态度：虽然你有很多有趣的话题，但今晚，你更乐意听别人各抒己见。有些人在社交中表现得很神秘，对别人的谈话稍显冷漠；有些人则看起来像是藏着秘密似的。不管是什么情况，你宁可表现得振奋一点，也不要漠不关心。你的面部表情应该专注、开心，更重要的是充满自信，这样的态度对你使用"名人效应"策略（详见9页）会有帮助，至少你在第一次尝试这个技巧的时候会获益匪浅。

你在房间里走动时，胳膊和腿要放松，不要匆匆忙忙地到处走。你要知道，世界尽在你的掌握中，生活是一盘甜甜的樱桃（你还可以想点别的老词）。别人谈话的时候，你要专心点，回答问题的时候，要经过深思熟虑，千万不要敷衍，随便蹦几个词出来。随时露出一个高深莫测的微笑（你得多加练习，这个笑容必须看上去是高深莫测的，而不是仅仅靠感觉）。不管你是不露声色地进入某个圈子（只有在这个时候，你使用"淡入策略"才无须说些什么），退出某个圈子，还是独自站在一旁，请记住：任何时候都不能词穷，要早做准备。早早地做出选择，这样，你的身体姿态、眼睛、嘴巴、眉毛——身体的每个部分——都像是在说话："我很喜欢对方，但并不在意对方怎么看我。"

当别人都在谈话中努力表现自己时，保持沉默的那个人更能吸引人。如果你能熟练地使用神秘策略，那么对方将会对你很感兴趣，因为他想知道你到底在想什么，为什么没说话，到时候你自然就会成为别人关注的焦点。

请注意：如果你突然不知道该说什么了，这种技巧就不大适用了。对方肯定会察觉到，除非你是个非常出色的演员，那就另当别论。毕竟，脑子里一片空白时，用别的事情去掩饰要容易得多。再者，你在使用神秘策略的时候，千万不要目中无人。你肯定也不希望别人觉得你散发着"闲人勿扰"的气场，不愿意跟他们说话。

◎ 触摸技巧

永远不要低估触碰产生的强大力量。社交时，只要注意分寸，哪怕一个小小的触碰，也会让你在谈话的时候散发出温暖的气息，让人觉得舒服，想要亲近你。不过，错误的触碰方式或者过于频繁的触碰可能是最严重的失礼，会让你弄巧成拙。

使用触摸技巧时，永远要遵循宜少不宜多的原则。即使你是在酒吧跟人调情——在那样的场合，比起商务性质的社交聚会，肯定会用到更多的身体语言——也要保守一点。如果你不得不这样做，那就暗暗告诫自己，在整晚的聚会上，你跟人触碰得过于频繁，得谨慎一点。而且——虽然这个建议有性别歧视之嫌——较之女人，男人在使用这种技巧时必须更加慎重。

当你跟对方聊得非常投机时，你可以使用触摸技巧。倒也不是说非得到促膝长谈那种地步才能用，即使其他人站在一旁也无所谓，但主要是你和这个人在聊天。你可以仔细观察对方的面部表情，看他或她聊天的时候是否真的投入。在你说话的适当时候（比如讲到笑话最精彩的地方、故事的高潮、话题的关键部分，或者准备结束谈话的时候），你的身体可以稍微前倾，抓住或者触碰对方的前臂，也可以把手轻轻地放在对方的上臂上，然后松手。不要挤压，也不要轻轻扫过。接下来的行为非常重要，你在接触人家的身体时，一定要仔细观察对方的反应，尤其是看着他的眼睛。你要确定你的触碰行为对谈话起到了促进作用还是阻碍作用。除非你能确定起到了积极的作用，否则千万不要再触碰对方。

在社交活动中，其他触碰技巧还包括将手轻轻地搭在旁人的肩膀上，或者轻轻地放在对方的背上（请不要放在腰部，这在社交中显得太暧昧）；一起走过房间时，托着对方的手肘。除此之外，在社交活动中，其他触碰行为都是不被接受的。如果触碰技巧使用得当，能让五分钟的谈话更温暖、更愉悦。不过，请务必记住，触碰时，哪怕稍微有点过都会适得其反。要是老被某个笨手笨脚的家伙摸来摸去，你肯定会觉得不舒服。

◎ 误打误撞

这是个融入圈子的策略。有人可能会觉得这种策略很无礼，但在高级社交场合，有时候可以"不择手段"，也就是说，这种策略更讲究技巧和熟练度。虽然"误打误撞"策略在开场时看起来不那么讲究，但使用起来还是非常有学问的。

这种方法跟神秘策略正好相反。将这种策略使用得最得心应手的恐怕得算克拉克·肯特（美国漫画和影视作品中的超人。——译者注）了，这个表面上看起来笨手笨脚的人其实是个超级英雄，他蠢萌的行为能够化解人们的负面情绪。你也可以从克拉克·肯特笨拙的举动中学会如何融入别人的圈子。

先选择目标人群，慢慢走过去，确保没人发现你，然后背对着他们，或者至少侧身对着他们，假装在走过房间的时候专注于某件事情，接着，"不小心"撞到人群中的某个人身上。但不要太用力，这也是这个策略最讲究的地方，你也不想让酒洒出来或者造成不良影响吧？你只需轻碰对方，让人注意到你，知道你的存在就行。事后，你得真诚地向对方道歉（道歉一定要有说服力），这样你就能很容易地跟对方聊上了。要是对方不怀好意，比如说"看看你，为什么不能好好走路呢！",那你一定要给对方一个合理的解释:"对不起,有人推了我一下。"这样的借口总会奏效,不过我也喜欢自黑:"真对不起,也不知道怎么搞的,我今天一整天都这么冒失!"最后一句话没准可以让你的"误打误撞"策略得逞。你这种将责任揽到自己身上的行为可以让圈子里的其他人对你心生好感,也许他们就不会再发脾气了。

使用"误打误撞"策略最大的好处是,如果你没能成功引起对方的注意,或者你意识到你做出了错误的选择,你不想留下来,那么要脱身简直易如反掌。而且,根本不会遭人拒绝,因为你并没有表明你想加入他们,刚才只是意外!事实上,你连赌注都没拿出来,根本就不可能输。

请注意:"误打误撞"策略只有在比较拥挤的房间里才能实施。如果人和人之间的间隙很大,你这样做只会让你看起来像个傻瓜,更糟糕的是,别人可能会以为你喝醉酒了。在聚会上喝醉酒本来就够糟糕的了,要是还让人看出来,那就更惨了。

◎ **转身策略**

身处拥挤的房间时,我还有一个最喜欢的社交技巧,我将其称为"转身策略"。这种策略实施起来有点像跳舞,它既可以让你脱身,也可以让你融入对方的圈子。首先,你得站在有三四个人(不包括你)的圈子里,这些人正愉快地交谈。转身策略包括如下步骤:

第一步:保持微笑,留意圈子里的成员谈话的内容,不要插话,只需安静地听身后的谈话。如果参加聚会的人比较拥挤，那么要做到这一点并不难，除非音乐声很吵。（如果音乐声震耳欲聋，那你能选择的社交策略可能就仅限于最基本的那几种了。我个人真的不明白为什么有些人喜欢把音乐开到最大声，当然，除非那是个舞会。）

第二步：你背对着人群时，已经听到了不少谈话内容，那就准备说些俏皮话或者提问（按照第二章提到的"淡入策略"）吧。把头稍微转过去，动作要迅速，像是有人刚刚叫了你的名字，或者说了一些跟你有关的事，你非得跟他们交流不可。你看起来要像违背自己的意愿一样，就像他们当中有人拍了一下你的肩膀。

第三步：转身！我这么做的时候，有时会想象自己在曲棍球球场上旋转。你转身180度后，悄悄远离你原本所在的圈子，但愿他们仍在聚精会神地谈话，不知道你已经转身走了。然后，你便可以对新圈子里的人说俏皮话或提问，以便完成这个策略。

在拥挤的聚会上使用转身策略，可以让聚会变得更加有趣，如果你觉得某些人实在无聊，你就可以转身离开。当然，如果对方正在跟你说话，你就不能转身。如之前提到的"悄无声息地脱身"策略（详见第四章）一样，你得先从交谈中脱离。

四 谈话技巧：使用道具

◎ 配饰

不管是一顶酷酷的帽子还是一枚独特的别针，佩戴一件与众不同的饰品才不会有"撞衫"的尴尬。如果你身上的配饰跟别人不一样，人家首先（也许后面还会提及）就会说："哇，你这东西真漂亮（真奇怪，真糟糕，真独特，颜色真好）！"你的配饰不仅为他们提供了唾手可得的话题——患有社交恐惧症的人会对此心存感激——还会让他们谈及你可能早有准备的话题。因为这是你的配饰，你在谈论它的时候肯定会滔滔不绝，毕竟，这样的话题你可能已经谈论过多次了。你脑中已经收集了很多素材，可以自由选择（比如，那顶特别的帽子是从哪里得来的，一般情况下，帽子该如何戴，甚至还可以说到戴帽子这种行为的起源），这些话早就在你脑海里生成了。

以前我烟瘾很大，被很多朋友诟病。我有一个非常酷、非常特别的烟盒，那是我在巴黎的跳蚤市场上买的。蓝白色的塑料外壳，线条优美，艺术气息十足，里面有14个圆柱体隔层，每个隔层里能放一支香烟，内有弹簧，每次只能弹出一支烟。每当我把烟盒拿出来的时候，人们都会发出啧啧的惊叹声，想拿过去看看。这个东西还真是个非常出色的社交道具。但先前我并不知道，直到有天晚上，我在芝加哥经历的事足以改变我的命运，我才知道这东西有多好。

那天，我和朋友凯茜决定去一家所谓"名声在外"的酒吧逛逛。以前我们从没去过那里，到了那儿之后，我总算知道"名声在外"的原因了。出租车把我们丢在那里，便扬长而去，连转身的机会都没给我们。"哦，好吧，"我们互相打气道，"能有多糟糕呢？"我们当然不会这么胆小怕事。

说明一下：其实，我们应该做个胆小鬼的。一个浑身是毛、戴着鼻环的家伙让我们进了酒吧。那人像是得意地笑道：这两个小妮子还真不知道深浅。我们紧张地东张西望。那时还是20世纪80年代，朋克酒吧真的就是那种朋克风格的———派阴森恐怖的氛围，到处都是锁链、刀之类的危险品。我和凯茜对朋克酒吧一无所知，但还是决定去里面一探究竟。

我们刚一进去，所有人都不说话了。（我也许应该提到我们当时还是穿着那种50年代风格的大褶裙，毛衣上还是那种可爱的珍珠纽扣。）到处都是胳膊上满是夸张文身的男人，一脸铁青地看着我们。我们倒吸了一口气，小心翼翼地朝吧台走去，想尽量装得像没事人一样。酒保是个大个子，脸上别着两枚回形别针，他向我们倾身过来，目不转睛地盯着我们。

"呃……"我鼓起勇气说，"来杯孟买马提尼，谢谢。"凯茜强装笑颜："来杯美乐淡啤。"

谁也没说话。谁也没动。恐慌的感觉席卷而来。我能察觉到凯茜的紧张。我们随时都有可能撒腿就跑，可是要跑到哪儿去呢？

我很想抽支烟。重点来了，酒保一看到我的烟盒，眼睛都亮了："让我看看。"我颤抖地把烟盒递给他。他端详了一阵，打开，然后……笑了。

那一瞬间，整个酒吧的气氛轻松起来。其实那个酒保是个非常正派的人，叫克里斯托弗，他当场就把我的烟盒拿给其他人看了，酒吧里的人很快就接受了我们。而那个烟盒也奇迹般地成了我们的通行证。甚至可以说这个社交道具真的救了我们一命，事实上，那天我们玩得特别开心。

我可不是说你身上的"道具"能让你像我们那样避免"杀身之祸"，但毫无疑问，有了道具，你才会有事可做，有话题可谈。事实上，我觉得这个社交技巧的效果非其他策略可比，而且使用起来也非常容易，所以你应该经常带些社交道具在身上。有些人肯定不屑于明目张胆地使用社交道具，但我觉得，只要能在聚会上玩得开心，大可以物尽其用。

目前来说，最实用的道具包括耳环、帽子和眼镜。（除非是海滩派对，否则请不要戴太阳镜。不管看起来有多酷，太阳镜都会把你的眼睛遮住，你要知道，眼神交流是一种重要的交际手段。）这些道具的效果很好，因为都是戴在头上的。除了这些以外，其他实用的道具还包括别针、项链、围巾和领带。要是腰部以下的道具，比如鞋子、袜子和裤子，这些东西都处于身体较为私密的地方，应该属于私人着装。大部分人在评论这些着装之前至少会犹豫，除非有人穿了一身令全场刮目相看的衣服，这样的话，如果还不评论，那就有些无礼了。

以下配饰和道具是按效果顺序排列的，都能在社交时助你一臂之力。选择配饰的时候，要看它是不是特别漂亮，是不是特别有意思，是不是很酷，是不是与众不同，想要花点心思，也可以选自己做的。请注意：如果配饰上有个符号或者几个外语单词，那你一定要知道其中的含义！

耳环

帽子

眼镜

文身

别针/胸针

手提包

项链、手表、手镯、戒指

领带、围巾、披肩

扇子（扇子用在某些场合可能有些做作，但在盛夏季节，带把扇子又何妨呢？）

婴儿或者小孩（如果你恰好带了一个刚出生的婴儿去参加聚会，那肯定是最完美的助推器。不过，到时候谈话的内容可能只限于小孩，孩子一哭，谈话就得结束。）

可以放进包包里的小宠物狗（请注意：一定要选体形小的狗狗。和婴儿一样，大型犬给你带来的麻烦只会多，不会少。）

◎ 误用手机害处多

在我看来，人们日常携带的"配件"中，有一样东西对交际是非常不利的。说实话，这个东西非但不能给交际带来帮助，反而会对交际造成一定程度的阻碍，这个东西就是手机。关于使用手机的礼仪，很多书上都提到过，因为手机进入我们日常生活的时间也不算短了，大多数现代人已经知道手机既能给我们的日常生活带来便利，也会给我们的社交带来不利的影响。

我一直也是这么认为的，但在上个圣诞节之后，我改变了看法。当时正值假期，一个朋友在家里举办了鸡尾酒会，他邀请了所有的邻居，我也应邀参加。当我走进他家之后，我欣喜地发现桌上有上好的香槟、美味的菜肴，房间的装潢也可谓高雅。我环视一周，四下观察着何处可以展开社交。就在这时，我突然发现在餐桌旁，一个穿着极为考究的男子一只手玩弄着手机，另一只手竟然直接伸进了盛着蔬菜沙拉的盘子里！原来他正一边跟别人打电话，一边风卷残云般地吃东西。

这就是我亲眼看到的一个误用手机破坏礼仪的例子。或许这个人当时正忙着在电话里处理某些紧急的事情，或是正在谈一笔大生意，但也有可能，他打从一走进这个房间起就不想和任何人交流，还不如玩手机来得有意思。不管他是出于何种原因，要是不守礼节是一种犯罪的话，我马上就去抓他个现行。

至于何时以及怎样在社交场合使用手机才合适，其实是有关代际差异的事情。"误用手机"这个概念的定义在20多岁人的聚会和60多岁人的聚会中肯定是不同的。我承认自己是一个非常注重礼仪细节的人，如果你参加了一个大聚会，而聚会上的人你都不太熟，那么下列几条交际规则对你来说会很适用：

1. 不要拨打或接听电话，也不要时不时看看有没有新信息。

在聚会中，你要把手机当作自己身体的私密部分，把它藏得好好的。不过，如果你要实施"手机脱身"策略（详见81页），那就另当别论了。另外，最好把铃声关掉（可以的话，调成飞行模式是最好的，在一些很安静的聚会中，手机振动也是很烦人的）。当然，特殊情况是可以理解的，比如你妻子即将分娩，家中的孩子生病了，或者医生给你打来电话，这些情况下，你都是可以看手机的。但在其他大部分情况下，社交达人都会把手机调成静音状态，揣在兜里——完全关掉效果更佳。在手机问世之前，人们别无他选，只能与所在位置周围的人交往，现在大家普遍认为，同时兼顾现实世界和虚拟世界的人际交往是一种极为丰富和高效的社交方式。但随之而来的问题是，每当你在聚会中掏出手机时，你其实就从聚会中抽离出去了，对现实生活中的交流造成的破坏虽然细微，却也是实实在在的。所以，我们随时要提醒自己，一心多用有时只会把事情搞砸。

除此之外，还有一个问题需要注意，我把这个问题称为"看手机传染病"。一群人在谈话时，只要有一个人掏出手机回复信息，其他人无一例外都会照做。他们可能会克制住玩手机的欲望，但只要有人打破了规矩，大家就会想："既然他都这么干了，那我也可以吧。"而且，如果一群人中有人在玩手机，那么在他回过神与大家继续谈话前，其他人除了也玩手机，还能干什么呢？

2. 不要查阅任何信息。

这条原则是最难遵循的，对我来说也是如此。现在我们只需要动动手指，就可以立刻获得相关知识，查到任何问题的答案，所以用手机查阅信息不可避免。当一群人的谈话刚进入一个良性循环，话题一个接一个，人们也能不断从中找到笑点，大家的关系都十分亲近时，总会有个人掏出手机查一查东西，也许有时只是因为受不了网络空间的诱惑，不由自主地查一查某些小趣闻（这种每隔一小时左右就要玩手机的瘾，没几个人能抵挡住）。当然了，人们查阅的信息通常是与正在进行的谈话相关联的，但只要有人打破规矩，从聚会中抽离了，那么这群人中那种热火朝天的讨论氛围便会消减。

比如，大家正在讨论某一首歌，你都还没注意到，某人就开始用手机查这首歌的歌词了，查着查着就查到另一首歌。这时，另一个人又掏出手机给朋友发短信，询问这首歌的原唱是谁。接着，每个人都会把手机掏出来，看看短信，查查邮件，再后来干脆登上推特和脸书看一看。"你有没有关注我？""你的昵称是什么？""你用过这个应用程序吗？"就这样，大家七嘴八舌地聊了起来，虽然还是在聊天，但聊天的形式变了，不再仅限于与在场的人交流。你来参加聚会的目的无非就是和聚会上的朋友们沟通感情，不然你来干什么？

说出来你可能不信，你在聊天的时候突然忘了某个东西的名字，有时反而会把聊天引向更为有趣的方向，也可以更自然地把谈话引到你希望的话题上。而且，不要什么都问"Siri"（苹果手机上的智能语音控制功能。——译者注）也是对你的大脑的一种锻炼。大家聚在一起，一旦有人掏出手机开始查东西，所有人都仿佛被传染了一般，开始各自玩手机，最终大家都盯着手中小小的屏幕自言自语。一屋子都是前来参加聚会的人，结果一个一个都目不转睛地盯着手机，这无疑是最为失礼、最为粗鲁的行为了。

所以，关注眼前的人才是最重要的。就算到聚会结束后，我们还是不知道谁演了那部电影，不知道某篇文章是周三还是周四被刊登在《时代》杂志上的，那又有什么关系呢？大家齐聚一堂是为了分享快乐、传递活力、交流思想，绝不是为了互换某些具体数据。

我相信，就这一点来说，很多人会提出反对意见。手机有着不可思议的魔力，让人们十分倾向于依靠它。在当今社会，对人们来说，无论年纪大小，手机都可以称得上是保护伞（或是一个额外的大脑），可卡因加上香烟一起都不如手机更能让人上瘾。我也知道，对20多岁的年轻人来说，手上随时拿着手机就跟脚上穿着鞋一样正常，而且很多人都认为手机对他们的交流起到了促进作用，因为他们动动手指就能查到需要的信息。我只能说，如果你持反对意见，那么你可以笑话我的理论。不过，我还是建议你尝试一下，我保证，放下手机后，你的交流会越变越好。如果你把注意力放在眼前的人身上，开动脑筋，用心思考，那么你们的交流一定是高质量的"互动"。说实话，我认识一群20多岁的年轻人，他们最爱干的事就是坐在一起抽水烟。我当然是不提倡抽烟的，但让我感到欣喜的是，他们在整个过程中都不会碰手机，就围坐在一起聊几个小时天。

3. 不要炫耀。

拜托各位，除非别人特别要求，否则千万不要拿自己家的猫的照片、狗的照片、小孩的照片、全家度假的照片给人家看。如果人家要看，你就尽可能简短地展示一下，然后马上回到正在进行的谈话中。要注意：人家说"我很喜欢猫"，并不代表他要你立马给他看你上传到YouTube上的猫的搞笑视频。你过后把这个视频传给人家就好了。其实，这种发视频的方法是一种很好的深入交往方式（详见第八章）。

4. 别像狗仔队一样。

不久前，一个朋友告诉我，在他举办的派对上，来了一个英俊潇洒的男生。当这个帅小伙在厨房里盛意面沙拉时，另一名宾客趁他没注意，掏出手机偷拍了他，动作非常自然，就好像偷拍别人是一件再普通不过的事一样。我不禁猜想，最后这张照片被传到哪里去了？发上脸书了？还是Instagram？也许是推特吧？谁知道呢？这种偷拍行为既不礼貌，对别人来说也不公平。在现在的网络世界中，人们可以随意分享照片，这种行为可以说是对别人隐私的一种侵犯。即便被你偷拍的人是你的朋友，你在把照片发到社交媒体上时，也不要圈任何人，除非你征得被你偷拍的朋友的同意。通常来说，如果你偷拍的人年纪不到35岁，那么对方可能觉得在社交媒体中被提到也没什么，但总有例外。所以，对这个问题必须小心谨慎。有的人乐意在脸书上分享他们生活的方方面面，有的人却有所保留。

在被人家贴上"网络世界的纳粹主义者"的标签之前，我要补充说明一下，如果你参加的聚会是在酒吧或其他公共场所举办的（比如街道集会、户外音乐会、橄榄球赛前的车尾野餐会、聚众集会或是游行等），那么上述规则皆不适用。当你在公共场所社交时，你处于"半聚会"状态，有很多事务需要你组织，很多指示需要你给出，很多照片需要你来拍。在户外活动中，你时不时需要掏出手机使用一下定位功能，或者查看一下信息，这是可以理解的。

◎ 端盘策略

在与别人交流时，当你觉得需要使用小道具却忘了带的时候，你可能就需要使出端盘策略了。这一招可能需要你脸皮厚一些，但它能让你达到两个目的：你可以借此与别人展开谈话，也可以在房间内自由地走动。

有时，你可能要在几个小圈子之间来回走动，此时这个社交技能对你来说是很有用的。首先，你要主动提出给聚会的主人帮忙，在房间里给大家端盘子，传递食物。如果主人对你表示感谢，并接受了你的帮助，那你就端起盘子走进房间便是。你无须去想什么开场白，别人看到你端着食物走过来，自然会给你让道。说实在的，如果你手中的食物味道不错，那你就只需站在一个地方，别人自然会过来把你围住。

端盘策略最大的好处是能够给你带来交流的自主性。你手中端着一盘食物，不仅可以让你顺利地展开谈话，实际上，它还会驱使你与别人交流，毕竟端着食物在一群人身边站太久是挺不礼貌的。

这一招也有缺点：别人可能会误以为你是主人请来的帮手。而且，你慢慢会发现，只要你和手里的盘子一起出现，你和别人的谈话就会仅限于你手中的食物。换句话说，人们会把你和这盘食物绑定，看到你在端盘子，就不想插入其他话题了。最重要的一点是，如果你为大家端食物，那你千万不要一边端一边吃。在社交中，严禁这样的行为，因为这么做的后果可比满足一时的口腹之欲严重得多。

◎ 妙用吧台与餐桌

在被问到"你来到聚会上，做的第一件事是什么"时，几乎所有我认识的人都给出了同样的答案：先去拿些吃的喝的。一般我也会这么做，毕竟这也是人之常情。但你千万要提醒自己，吧台和餐桌可不只是满足你口腹之欲的地方，也是辅助道具与可怕陷阱并存的地方，是社交的中心地带。

在一次圣诞节聚会上，我也不慎陷入了餐桌旁的陷阱里。当时餐桌上摆满了丰盛的菜肴，最让我动心的便是一盘精心装点的熏制鲑鱼，主人把它放在了桌子的一端。要知道，熏鲑鱼是我的最爱，说来惭愧，每次只要看到熏鲑鱼，我的馋虫就会被勾起。当时我正和别人随意地聊着天，但我的心还是牢牢地被熏鲑鱼拴着，时不时伸手抓一片吃吃，直到我发现这盘熏鲑鱼都被我吃光了，我才觉得有点不妥。我一边嚼着我当晚吃的第十片熏鲑鱼，一边陷入思考。突然，我反应过来，我竟然本末倒置了，利用社交技巧去拿吃的，而且拿的还是熏鲑鱼！

所以，千万不要忘记你最基本的目的还是交际，食物和酒水只能作为助兴品，利用得好，也可以为你的交谈增色。下面我就针对如何妙用吧台和餐桌给大家提出几条必须遵守的规则：

1. 不要一到场就直奔食物而去。

一进门就拿点酒水是可以的，但如果可以的话，还是等一会儿再去吃东西，别人可不想向某个嘴里正在咀嚼食物的人做自我介绍。等你跟几个人打过招呼后，就可以去拿点吃的，用吃的来打开局面，和别人一起分享美食。

2. 别一直占着吧台和餐桌。

这样不仅会喝醉，搞得浑身难受，而且也很不为别人考虑。有的人看到吧台或餐桌旁边一直有人，可能整晚都不会过去拿食物和酒水。这一规则其实主要是针对占用吧台来说的，我认识很多人，他们都以恐惧社交为借口，整晚靠着吧台喝个酩酊大醉，说是等喝了酒壮了胆以后，就敢跟别人说话了。但谁又想和醉鬼说话呢？

3. 主动帮别人拿取酒水和食物。

如果你和别人站在一起，帮别人做这种小事是一种很好的交际策略，就算只是在人家切奶酪的时候，帮人家拿一下杯子也是可以的。这样的行为有助于拉近你和别人的距离，让别人觉得你这个人很好，乐意和你多少聊上几句，不然会显得自己很不礼貌。

4. 可以聊聊食物和摆盘。

聚会上的食物是一个很好的话题，而且不容易出错，你们可以聊聊某道比较特殊的菜，问问别人知不知道酱料是用什么做的，或者给别人推荐他可能已经尝过的某道菜，然后就可以利用食物自然地聊到其他话题。

5. 除非别人先开始抱怨，否则避免对任何食物发表负面评论。

在聚会中，你不知道这些菜都是谁做的，就算你很确定在场的所有人都不是厨师，你的负面评论也有可能在不经意间伤害某人，因为那道菜很可能就是人家的家常菜，或者他上周正好带着这道菜去参加其他的聚会。

6. 不要拿着食物指指点点，也不要举着酒杯做什么动作。

这种行为不仅毫无魅力，还可能造成意外，有可能就把面包棒插到别人耳朵里了。

7. 利用好排队拿取食物和酒水的时间。

排队的时候，十分适合与别人交流（详见159页），即使你不和别人讲话，也不会显得很尴尬。如果你运气不错，可能会有人和你聊上几句，但如果没遇到聊天的人，你也可以利用这段时间来观察一下整个聚会的形势，规划好在哪里进行交际。

五 双人战略：团队配合式社交

在交际中，最好的辅助道具便是带上另一个人。当然了，在聚会中和自己的伴侣或朋友一直黏在一起并不明 智。不过，好的同伴将是你交际中的宝贵资源。遗憾的是，很多同伴都没有利用好团队合作的机会，甚至连两人配合的潜在优势都没有意识到。在这些年里，我无数次听到别人抱怨自己的同伴在聚会中表现不佳：有在聚会中神秘消失，躲在卧室里读书的丈夫；有被带去参加聚会，却一直黏着人家不放的朋友；有在满是客户的聚会中滥竽充数的公司合伙人；还有独自站在角落，羞于和别人交流的妻子。而更常见的是，一对夫妻一同出席聚会，到场之后只是彼此互相讲话。团队配合式社交的基本前提是两个人不能自顾自地聊，你们已经够熟络了，如果两个人再这么黏在一起，那你们永远都不可能结交更多的人。而且，我保证，你壮着胆子单飞作战会比两个人缠在一起更让你开心。所以，即便你们要时不时回到对方身边缓一缓，也要分开行动。

话说回来，分开行动也不等于你们不能互相帮助，两人还是需要相互支持的。而且，你们彼此非常了解，自然能想到无数种方法为对方的社交助力，让你们彼此都收获更多的快乐。

◎ 聚会前的战术准备环节

聚会前的战术准备对社交颇有助益，对两个公司合伙人来说更是如此。在出席聚会前，你们两人可以讨论一下要与别人建立怎样的联系，谁去搞定谁，等等。你们还可以比较一下，看看谁比较擅长做什么（比如，谁更擅长打招呼？谁更擅长逗乐别人？），然后在对方的专长方面给予鼓励。大多数情况下，其中一个人的社交能力要略强一些，那么这个人就要承担更多的责任，帮助那个较为缺乏自信的人。就好像网球的双打比赛一样，如果后场技术是你的短板，那就让对方为你掩护；如果你擅长网前进攻，那你就根据需要调整自己的站姿。反正一切都要根据如何把你们这个组合的优势发挥到极致来决定。

◎ "采购"交流对象

如果你的搭档真的很怕生，那么这个技巧是非常实用的。它听起来可能有点复杂，但你的同伴如果有社交恐惧症的话，学一学是大有裨益的。

总的来说，这个技巧的思路就是你要带尽可能多的人来找你的同伴，就好像给他找来一堆"祭品"。打个比方说，你要做的就是亲手给你的同伴准备一次交流的盛宴。

第一步：假如你妻子在聚会中常常扮演壁花的角色，那么在你们进门之后，你就向某个你们两人都认识的人引荐她（我们姑且把这个人称为麦克）。如果你没找到你认识的人，那就马上带着你妻子去找个人，上前去介绍你俩，尽可能用基本的谈话技巧让你妻子融入谈话中，比如说："我妻子也这么觉得，是吧，宝贝？""麦克，你快给我妻子讲讲那次你……"或者说："让我妻子来解释一下这个问题吧，我认识的人里，只有她懂这个。"除此之外，你还要时常鼓励她，千万不要让她觉得尴尬，帮助她建立信心。

第二步：你要找机会离开一会儿，可以说去拿点酒水或食物，或者把你的外套拿到别的房间。在你离开之后，你妻子就会单独接受考验了，你要保证在五分钟左右回来，拿上你之前说的酒水或食物。这样，她就会觉得你自始至终都在留意她，绝不会让她落单很久。

第三步：如果你回到妻子身边的时候，发现她和麦克交谈甚欢，那你就用一个小小的肢体动作（比如轻轻捏一下她的肩膀，用手挽住她的腰等）给她一点鼓励，然后说："亲爱的，不好意思。对了，麦克，我得去跟乔吉打个招呼，一会儿就回来。"你便可以暂时放心地让麦克陪着她了。但如果情况没那么顺利，在你拿着饮料回来之前，麦克就从你妻子身边溜走了，那你就带着她去找其他人，让她像之前那样跟别人交流，然后你再离开。

第四步：从现在开始，你要一直带你妻子和别人聊天。比方说，你跟一位男性聊了大概十分钟，他正在就基因测序技术的发展发表长篇大论，那么你就等他停顿时打断他，说："不好意思，我觉得你说的这些我妻子也应该听一听，前几天晚上她还问我这个问题呢，我想她可能跟你读的是同一篇文章。"说罢，你就拽着他的手臂，带着他去找你妻子，介绍他俩认识，然后趁机再离开片刻。（从严格意义上来说，你没有对你妻子说谎，因为毕竟你还是回来了，你就是要一次一次地为你的伴侣提供持续不断的交流对象。）如果一切顺利的话，随着聚会的进行，你妻子会越来越放得开，你就可以少给她引荐一些人了。

◎ 让"同道中人"聚到一起

有些时候，与你同行的伙伴可能对交际毫无兴趣，帮助他需要花费太多精力，或者人家本来就不想来参加聚会，而是受不住你的软磨硬泡勉强来的。勉强别人进行交际常会让你感到无力，所以干脆不要这样，你需要做的便是在周围发现一个同样不想来聚会的人，让他与你的同伴坐到一起（如果你不能确定这样的人选，那你就随便找一个看起来比较讨厌这个聚会的人）。这个策略的基本思路就是找一个很排斥跟太多人交往的人，这种人通常愿意与某个特定的人在某个安静的角落进行交流。通过这样的方式为你闷闷不乐的丈夫找到一个有话可聊的人，让他或多或少地投入到聚会中，你便可以稍稍感到安心。可能这也不是一个万全之策，但相比起让他一个人待在另一个屋子里看体育新闻，还是要好得多。

◎ "牧羊"之术

假如与你一同赴会的人是一个彻底排斥社交的人，甚至连与别人一对一地交流都不愿参与，那他真的可能会悄悄溜到主人的书房里静坐读书。遇到这种情况，你真的只有动手把他拉回到交际中了。相信你之前也这么做过——在聚会中，你必须时不时地把同伴拉回来交际，我说的"牧羊"之术便是它的加强版。说到底，如果你能找到其他的"牧羊人"与你一起这样做，那么效果会好得多，你就不需要每隔十分钟就去看看对方在干什么了。你可以找一两个认识的人，跟他们轮流去看你的同伴，拉着他回到聚会中，把他介绍给别人。说了你可能不信，如果这个不愿社交的人一直被你们拉回派对中，那他最后便会发现想要落单是不可能的，他自己便会乖乖地回到聚会中。

◎ 同舟共济

同舟共济指的是大家要交换有用信息（就好比公司内部交易一样，但这不涉及任何违法行为），就连那些在交际中最为自信的人，也时常会使用这招。在聚会时，身边有一个同伴会为你提供很大的便利，你们可以相互提醒，指出聚会中容易出问题的地方，也可以分享聚会中的乐趣。你们两人只需耳语几句，便可交换很多信息，告诉对方谁是全场最有趣的人，以及要避免与哪几个扫兴鬼讲话。

你可以告诉对方哪个人很扫兴，哪个人已经喝得烂醉，他就不必再去与这些人多费口舌，重蹈你的覆辙。你的同伴也可以提醒你避免他犯过的那些错误，让你免于受苦。比如主人身边有一位年轻女子，你的同伴刚问了主人那女孩是不是他从大学回来的女儿，结果发现那女孩竟然是主人的新女友。在知道这个信息之后，你便可以避免这样的失态了。除此之外，你们还可以告诉彼此那些被你们遗忘了名字的人是谁。在整个聚会中，你们两人随时可以相互谈谈感觉，问问有没有哪个特别的人可以去交际一下。在很多情况下，两个人之间还会设定一个小暗号，当想要从与某人的谈话中脱身时，便可以向同伴发出暗号（暗号一定要隐晦，像拍拍头顶这种动作最好不要做）。通常这种暗号就是眼神微微地变化一下，挑一挑眉毛之类的就很好。特别注意：你们耳语交流时，谈及在场的人时要格外小心。根据墨菲定律，当你在说某人坏话时，那个人总是会出现在你身后。

◎ 配偶召唤

使用这个技巧时，你都不需要同伴的协助，只需要有他这个人就行了。这个脱身之计通常情况下就是双人版的"假装找人"策略（详见90页）。在使用时，你只需要故意做出一副你必须离开的样子，因为你的伴侣正在叫你过去。如果被你甩开的那个人认识你的伴侣，那你甚至连话都不用说，只要冲着你的伴侣所在的方向转转眼睛，仿佛在对他说："天哪！他又在叫我过去了！"或者对着你的伴侣那边点点头、挥挥手，以示回应，这都是可以的。如果被你抛弃的人不认识你的伴侣，你可以说："啊……不好意思，我妻子叫我过去，我可以先离开一会儿吗？""一会儿"这个词用得就很精妙了，这么说表示你一会儿还会回来继续和他聊天，但你也没有明确保证，你便可以圆滑地溜走了。"配偶召唤"这个策略最为巧妙的一点在于，你要做出一副不情愿离开的样子，这样才会比较照顾被抛弃的那个人的感受。要尽可能表现出你对你的伴侣很忠诚，再不济，你也要把你的伴侣塑造成一个唠唠叨叨的人，你去那边也是迫不得已。

如果你在一旁看两个配合多年的人一起进行社交，你就会发现，你好像在看一对老夫妻在舞池里跳舞一样，一切都显得轻松自然，像是在上演一段漂亮的双人舞。两人默契十足，默契到就算他们分开进行社交，也似乎更合拍。

Chapter **6**

第六章

定制社交策略：特殊场合社交指南

聚会就如雪花一样千变万化。即便你已掌握了所有的搭讪策略、找话题的手段和脱身技巧，在不同的聚会上，你仍然会发现自己有些不知所措。参加索霍区（纽约的一个文化艺术街区。——译者注）的鸡尾酒会是一回事，参加肯塔基的蓝草音乐节又是另一回事。你要了解如何在不同的场合下跟陌生人交流，随时准备适应各种不同类型的谈话。

一 掌握时事

能够紧跟当今世界的热点问题、潮流和新闻的人才是好公民，也才称得上社交达人。毋庸置疑，当下人们在聚会上谈论的话题跟50年前的肯定大相径庭。眼下，政治可以说是隐藏在所有话题中的危险因素。在当下这个五彩缤纷的社交世界中，你既要在聊起纳米机器人时侃侃而谈，也要对保姆的话题了如指掌。

要想紧跟当下的新闻，说难也难，说简单也简单。我们当下被无穷无尽的信息包围，实在难以处理所有问题。除了五花八门的报纸，我们还有成百上千的有线电视频道和无线电台，数以百万计的新闻网站和博客，再加上社交媒体上的推送，上面有铺天盖地的评论和视频图像。即使是在银行排队，乘坐电梯，甚至是在使用公厕时，我们都会深受其害。但是，大多数人对本应了解的事情仍然所知甚少，一方面是因为社交媒体的单调性和盲目性，另一方面则是因为我们在阅读时重量轻质，我们越来越习惯于停留在问题的表面。或许你对世界上发生的事情不了解的原因就是，在过去四天里，你全部的休闲时间都用来看整季的《绝命毒师》了。

无论如何，你肯定不希望自己在聚会上傻乎乎地站着，手握酒杯，一脸茫然，因为不了解当下的时事新闻而格格不入。然而，跟其他众多社交专家不同，我绝不会建议你在参加聚会之前临时抱佛脚，痛苦地阅读大量的报纸杂志。我认为，融入世界是一个循序渐进的过程，最后关头的填鸭式信息输入并不能让你成为一个关心时事的智者。（尽管花个五分钟时间快速浏览一下各大报纸的头版头条并不是件坏事，比如《纽约时报》《华尔街日报》《赫芬顿邮报》。）

你不必因为做不到无所不知而苛责自己。然而，在某些场合，如果你对人们讨论的话题感到如坠五里雾中，那你就真的应该羞愧了——你们州的一位议员卷入了一起重大丑闻，或是两个长期鏖战对立的国家刚刚签署了和平协议，你就算知道是哪两个国家也好啊！

不过，不用担心：在遇到这种不知所措、怅然若失的情况时，不要慌张，我们有几个相当简单的技巧可以发挥作用，缓解你的尴尬。

◎ **转移时事要旨**

举例来说，你正站在人群中。突然，你发现谈话的内容发生了转变，所有人都开始谈论起一场重大的泥石流灾害。而且，并不是别的时候发生的泥石流，恰好是前两天刚刚发生的那场，当时所有的报刊和新闻网站都做了报道。但是，你碰巧对其不甚了解。谈话的人们都转向你，期待你能发表一些独特看法。

如果当时的情况不允许你消极应对，那么你最好的选择就是采用我所提到的"转移时事要旨"策略了。这个策略的第一步便是倾听——不是单纯地停留在事实表面，而是要抓住事实背后的情感因素。你要抓住这次谈话的要点或主题。假设在这场涉及泥石流的谈话中，你在听了一分钟后就立刻意识到，这场谈话的主题并不是灾难本身，而是这样一个事实：人口的快速增长导致人们在并不适宜的场所建造房屋。（不错，你已经找准了谈话的要旨。）接着，你瞅准时机，讲起了特拉华州有些建筑过于靠近海洋，因此必须不断地堆起沙丘，以防建筑物被海水冲垮。几乎可以肯定，话题会从此处发生转移，虽然你对先前的话题一无所知，但你巧妙地掩盖过去了。

转移时事要旨跟传统的转移话题技巧并不相同，因为它是一种融入而非脱离的策略——它的本质是了解谈话的实质。你的举动也有着积极的影响，因为你的言论与谈话的主题十分相关。这件事情是个丑闻吗？还是只是个悲剧？里面有没有牵扯政治问题？人们更加关注的是媒体的报道方式吗？紧紧抓住谈话的精髓跟了解整个事件的具体细节一样重要。

请注意：在插话之前，你一定要确保自己正确理解了谈话的内容。有一次，我花了15分钟时间跟朋友谈论槌球游戏——直到后来才发现他说的是可卡因！［槌球游戏（croquet）和可卡因（cocaine）发音相近，所以才造成误解。——译者注］这完全是巧合，因为有些流行事件之间有时也具有一定的关联性。（他说富人喜欢玩它，我说这玩意可不好，他说找个场所可不容易……我们说的每句话都能严丝合缝地套在这两个话题上！直到后来他说"我曾经看过它的分子图"，我才突然意识到出了问题。）

◎ **主动坦白**

当然，你还有别的选择（我就经常这么干），那就是主动坦白"罪行"，接受"法庭"的审判。想办法掩盖实在太费精力，直接坦承你的无知才是最管用的方法，这样你也能更深入地了解当下正在谈论的话题。在挺过最初的尴尬后，你可能很快就会跟上大家的思路了。他们甚至会因为你大胆承认不了解某件事情而对你大加赞赏。

比如说："今天我一直没机会读报纸或者看新闻。……到底哪里发生泥石流了？"或者说："我的天哪！我想我今天听到这条新闻了，只是没注意细节。"或者甚至可以这样说："报纸上的报道总是让我十分担忧，我承认自己最近一直没看报纸，因此根本不知道发生了什么。"（注意：当下冷漠成了一种通病，这样的理由十分冒险，因为人们还是有些同情心的。而且，如果你毫无顾忌地说自己连本州国会议员的名字都不知道的话，可能会叫人忍无可忍。）

◎ 展现你的勇气

好吧，你的确不知道最近几周发生了什么大灾难，这有点让人失望。然而，如果你能够在另一个话题上展现自己的见识，从某种程度上来讲，你还是能够挽回局势，或者重拾尊严的。这样的话，人们可能认为你只是因为略有疏忽而显得无知，肯定不会把你当成白痴。

在关于泥石流的热烈讨论逐渐趋于平静时（在你承认自己对此一无所知以后），你应该这样补充："这就是连续几天不读报造成的恶果。但我得说一句，你们看过前几周《时代》杂志上那个不可思议的故事吗？"接着，你便可以就这个有趣的新闻故事来一番洋洋洒洒的议论——但要确保你真的了解这个故事。

我有个专门为这种场合准备的故事。那是个我曾在《纽约时报杂志》上读过的故事，它讲到了一家位于蒙特利尔的生物科技公司成功地将蜘蛛基因和山羊基因相结合。经过基因改造的山羊产的羊奶含有一种独特的蛋白质，人们开始利用这种羊奶生产防弹背心所需的纤维。我当时对这个故事十分着迷，因此许多细节都记得很牢。举个例子，那只山羊身上只有七万分之一的蜘蛛元素，但这样一个微小的变化竟然能够将蜘蛛网的特性附加到羊奶中！多么神奇！而且，这种羊奶纤维的拉力竟然高达每平方英尺30万磅。

如果你能够成功地将谈话引到这样一个故事上——不仅不同寻常，引人入胜，而且你对细枝末节也记得很清楚——那么它绝对能够极大限度地缓解你之前的尴尬。这个故事一定要有时效性，便于你随时插到谈话中，而且你一定要深入了解这个能为你挽回颜面的故事。只有如此，才能够显示出尽管你对泥石流一无所知，但你绝不是个无足轻重的人，你确实知道如何高效地阅读报刊。而且，你也为圈子里的人引入了一个新的话题。

◎ 高压危险区域！政治话题

我们的耳朵怕是都听出茧子来了：绝对不要谈及政治或宗教信仰的话题。跟其他人一样，妈妈的反复唠叨让我不得不记住这条规则。人们对这两个领域的话题带有强烈的感情色彩，而且这种话题绝对不会跟逻辑扯到一块儿，到时候往往会闹得不欢而散。在这两个领域，尤其是政治方面，人们总是意见相左，而且分歧一般都很严重。大多数人都会认同这一点：尽管不同的意见会活跃气氛，但大吵大闹和随口说脏话绝对会毁了一场聚会。

而且，如果你身处大型聚会，那你本应该进行一些简洁而充实的谈话。一旦开始谈论第二年的大选，你就要为这一失误负责了。而且，在这种情况下，最大的危险是会牵涉情感问题。大多数人在谈及政治时，总是容易情绪激动，而这时候，他们往往就会开始胡说八道了。两个客人展开激烈争论，经常会带来许多负面影响，附近的人们会愤怒地转过头来，甚至加入争吵——然后，这原本是两个人的谈话，却毁了所有人的社交乐趣。（有一次，我一个朋友的叔叔在卷入一场政治争论时，把火鸡腿扔向了自己的兄弟，并大骂什么物以类聚，人以群分，对方就是个猪脑子，结果毁了整个圣诞聚会。）

如今谈论政治比以往任何时候都要危险，因为这个问题在我们国家已经变得越来越两极化。中间派越来越没有立足之地了。过去，我家的家庭聚会上总会热热闹闹地讨论政治问题，但现在，我们绝对会避开这个话题。所有人心里都清楚，这个时候谈论政治无异于在炸药库里点燃一根火柴。而且，问题是，就算我们没有因为政治话题而吵起来，整个聚会也会变得无趣很多。

在维多利亚时代，几乎每个绅士或淑女都了解两个既安全又礼貌的话题：天气和对方的健康。但到了现在，即使是这种看起来善意的问题，也会将话题引向政治：当下的全球气候变暖问题变得日益严重起来，本来无碍的话题很快会转到政府行动方面；而关心对方的身体健康本是件极为有礼貌的事情，但很容易将话题引向最近的医疗体系。就连谈到某人新买的皮帽或哥伦布纪念日的游行这种并无大碍的话题，在你细想之前，你都可能会被拉向政治话题。

但真相是，几乎没有什么办法能够完全避开政治话题。所以，尽管社交在很大程度上本应是一件特别让人舒心的事，但在21世纪，社交注定要变得更加严肃。毕竟，如果我们谈论的话题一直局限在茶水的温度和浓度上，那么社交还有什么意义呢？我们的生活跟政治结合得非常紧密，所以根本无法避免这个话题。聪明睿智的人们聚在一起畅谈时，怎么可能完全避开外交政策、国会活动、石油政策、国土安全问题等重要话题呢？因此，我觉得是时候改写以前那个黄金原则了：谈论政治和宗教信仰没什么问题，但不要激烈地争论政治和宗教信仰问题。

谈论政治有其雷区，但如果你能享受到一场愉悦的谈话，那么一切都值得。不过，你必须懂得如何通过妥协绕过那些危险地带。（我并不打算在此区分宗教信仰跟政治，因为两者的联系实在太过密切。）

1. 了解自己的爆发点。

这个技巧极为重要。你得确保自己在即将爆发的关头仍保有自我意识——当你谈到核扩散问题时，你是很难注意到你即将发火的——然后立马停下来。这跟你在喝醉之前尝试停下喝酒有点相似；当那个时刻到来时，你不能在第一时间想起来你为什么要立即停止。如果你觉得自己做不到这一点（或是你所有的朋友都给了你否定的答案），那你还是坚守一开始的黄金准则吧。不要谈及政治。

2. 考验对方是朋友、敌人还是狂热分子。

即便你能在绝大多数情况下保持清醒，在选择谈话者时，你仍要小心谨慎。尽管一个巴掌拍不响，但我认为在碰到狂热分子时，很少有人能够保持冷静。如今，许多人都不幸成为这样的人。为了及早辨别出这种人，你需要准备几道测试题，检验一下对方的真面目。下面这些题目可以帮助你了解：（1）对方是否或多或少地跟你站在同一个阵营里；（2）站在对立阵营里的对方是否是个心态开放，能够跟你和平争论的人；（3）对方是否是个好辩成性的人。当然，提出问题的时机一定要选好，不能显得太过突兀。从对方的反应，你就能判断出他是否适合交流。仔细观察对方的面部表情和身体语言，这些方面透露的信息远比单纯的语言多。下面的问题仅供参考，所有这些测试工具都需要结合你自身的情况来使用。警告：这些测试并不是万无一失的。人们的价值体系通常并不如你想象的那么简单直白。

　　"你今天看了《赫芬顿邮报》（《华尔街日报》）吗？"

　　（如果对方简单以"看了""没看"回应的话，那么他有可能是保守派或自由派，但基本上不会是狂热分子。但是，如果对方这样回答，"我从不看那种垃圾货色，从不"，那么他极可能是个非常极端的人。）

　　"我恰好碰到一个长得十分像（当下政治人物的名字）的人。"

　　（狂热分子的回答是："我希望你对他没有好感。""谁喜欢这样的人，我都会感到遗憾。"）

"我一直想问为什么蓝色代表民主党，红色代表共和党。"

（狂热分子的回答是："蓝色代表悲伤，因此那些只知道愚蠢哭泣和埋头抱怨的自由派正适合蓝色。""红色代表手上染满鲜血的共和党。"）

3. 做个处事圆滑机敏的人。

设想你是一位身处国际鸡尾酒会的外交官。要努力保持沉着和中立，说话要有所保留："我们国家的经济状况目前确实不大好。"而不是说："你是在提醒我，我国经济当下的状况还不够让人绝望？！"根据以往的经验，一个好问题应该避免涉及政治（除非这些问题确实有这方面的信息，比如"你看过国会刚刚通过的法案了吗？"）。如果你在讨论蜜汁火腿，那么确保你的声音不要太大，语速不要太快。

4. 学习如何缓和气氛，伺机撤离。

当你感觉自己马上就要失控，或者意识到政治争论中的伙伴就要失败时，要学会缓和气氛或者伺机撤离。这对新手而言有些强人所难。一切又回到了之前的关键问题上，即：你必须及时停下来。（深呼吸或许会有效果，走到屋子里的安静角落或是邀请他人加入都有可能起到作用。要记住，变化即运动，运动即变化。）下面是一些你能够用来缓和气氛或转移话题（如果你们两人中有一人即将暴怒）的套话，可以帮助你缓和气氛或者伺机撤离。

"好吧，我对此一无所知，但有件事情我十分肯定：我饿了！你能原谅我吗？"

"好吧，我想我们没办法在一晚上的时间里解决全世界的问题。"

"过来听我们争论吧！难怪我妈妈总是告诫我绝对不要在聚会上谈论政治！你要来杯酒吗？"

（开玩笑）"好吧，我觉得要么转移话题，要么就出去决斗！"

当你决定讨论政治话题时，最应该注意的便是你的谈话对象（他比其他人重要）：你参加聚会是为了消遣娱乐，而不是去解决全球问题或改变某人的看法（而且你根本做不到）。因此，还是握手言和，避免争斗吧。

二 普通老百姓：在公共场所社交

就算忽略童年耳濡目染这一因素，我后来也慢慢养成了在公共场合跟陌生人交流的习惯。并不是所有的社交活动都发生在聚会上。若不主动迎上，你可能永远都不会知道自己将遇到多么有意思的人。

很多年前，我去中央公园听了一场帕瓦罗蒂的演唱会。朋友提前几个小时到了会场，我本应毫不费力地跟他们碰头，但不幸的是，我没想到人们对这场演唱会那么热情。到达会场时，我才发现，整个会场挤得水泄不通，根本没有办法让人前行一步。在人山人海中艰难前行时，我听到周围传来的抱怨和怒骂声。那时我才意识到，原来他们误认为我只是想离舞台更近——换句话说，就是插队。考虑到人群的密集程度和人们焦躁的情绪，我知道这次碰头肯定要经历一番磨难了。（可惜当时还没有手机等通信工具，如今我当然能够轻易地借助现代科技。）

幸运的是，我带着两个美味无比的自制苹果派。因此，我停下来跟最靠近我的两位女士分享苹果派。一番交流后，我又移向了另外一群人；很快，我又跟其他人分享了苹果派。人群摩肩接踵，因此有人在分发苹果派的消息不胫而走。我不断地分发苹果派，同时认真地跟他人交流沟通，借此不断地往前行进。一路上，我不断地解释，朋友在舞台附近给我留着座位，我得赶过去。结果那天我认识了很多人，过得既充实又开心。最后，我总算找到了朋友，尽管那个时候，我的苹果派已经分发一空。

在拥挤的人群中举步维艰，排起长队，或是在咖啡厅无聊闲逛时，一定要多跟他人闲聊，即便你并没有苹果派。

◎ 在户外或人群中交际

我们经常会独自一人，无论是在户外音乐会、机场、火车站、公交车站、娱乐公园、体育赛场、沙滩、游行、烟花表演、购物商场、剧院走廊、大礼堂，还是在圣诞期间的先驱广场。既然你是一个人在那里，为什么不积极结识一下周围的人呢？这些场合的社交跟人来人往的聚会差不多（详见200页，"沙丁鱼罐头"），当然，若是在户外的话，你会发现人们缺乏一些安全感，因此他们在交流时会更加小心翼翼。下面是一些实用技巧：

求助。向人们问路、征求意见或是问询信息时，大多数人都愿意提供帮助，你除了能得到需要的信息之外，还能收获一段美好的时光。有一次，我坐地铁从曼哈顿的上西区到布鲁克林，由于轨道问题，很多地方在检修，反正乱七八糟的（换言之："别妄想了，现在根本没法去那儿。"）。我当时好比一只无头苍蝇——当然，我不出意外地迟到了。一阵抓狂后，我瞥见一对看起来很友好的夫妇，于是向他们求助。结果我惊喜地发现，他们的目的地恰好也是布鲁克林。于是我一路跟随（中途转了好几趟车）。一路上，我们三人聊得十分开心，我跟他们讨论了自己正在筹划的这本书，还交换了电话号码。这趟地铁之旅就像一场趣味十足的聚会，而且这次经历后来更是给了我许多启迪。如果我不打算向陌生人求助，那么一切都不会发生。

博取同情。抱怨列车突然出故障，抱怨乐队迟迟不开始演奏，抱怨音乐过分吵闹，抱怨你有多厌恶去做陪审员，抱怨水中有无数海蜇，抱怨环境十分嘈杂或者酷热难当。人们在承受痛苦时，往往非常渴望有人陪伴。

形成一个圈子。如果你在周围成功找到了一些志同道合的人，那么

158

就和他们组成一个小团体，一起活动。若是有狗或孩子陪着，你就能轻易地跟其他带着狗或孩子的人交流起来。记住，只要态度积极、恰当，你在任何地方都能聚会。

◎ 趁排队的时候交际

普通人一生中要花两三年时间来排队：柜台结账要排队，去银行要排队，买票要排队，去餐馆吃饭要排队，其中最令人望而生畏、最折磨人的要数随时会遇到的女卫生间排队了。排长队不仅无聊至极，让人灰心丧气，而且纯粹是浪费时间。但排队的时候也并非毫无乐趣，因为几乎每一次枯燥的排队都是一次极佳的社交机会。

好好想想吧。大多数时候，你身边排队的人不会相互交流，而且他们都有一个共同点：为同一个目的排队。这可比你在聚会上的优势大多了，因为有时候，你和聚会上的人唯一的共同点只是受同一个人邀请。许多人在排队时会拿出手机消磨时间。你何不放下手机，观察一下周围，寻找社交机会呢？

我并不是说在排队时进行社交容易，这种情况下也会有许多障碍，排队本身就是障碍之一。一般来说，你在社交过程中完全无法发挥双腿的作用。许多技巧——比如脱身策略——在排队时会有很大的不同。你得克服人们对你想当然的怀疑（大多数人对一个陌生人突然和自己搭话都会感到不适），同时，你还要冒很大的风险：你的谈话可能被所有排队的人听到。在排队时社交，你通常会直接跟一两个人交流，但也可以说你是在为一大群人表演——他们并不会因为站在附近窃听而感到内疚，而且对此也无能为力。对我来说，我宁愿去听自己身后的两个人谈话，也不愿去听别人打电话。

在这种情况下，人们可能会讨厌加入谈话，因为他们知道，如果谈话不令人愉快，想让它停下来几乎是不可能的。你也找不到完美的解脱办法，去拿饮料这个借口在这种情况下是派不上用场的。人们在飞机上跟邻座的人交流时，也会面临这样的窘境。如若真的碰到这种情况，你也可以尝试去应对。记住，这跟那种一个位置坐到底的宴会没什么不同，如果你不喜欢这边邻座的人，那就尝试和另一边的人交流。注意：在这种场合下，无论你怎样抱怨，别人都不会介意。抱怨排队的队伍一眼望不到头，或是抱怨某个不知羞耻的女人在前面插队，都是不错的选择。

在排队时社交会让你获益匪浅，因为绝大多数情况下，你不会再碰到这些人（此处正是亮点！），所以基本上算是零风险。下面是一些针对不同排队场合的具体规则和简单实例（星号代表该措辞是通用的，适用于以下任何场景）：

排队付款。排队付款时，你可能会碰到难缠的顾客，具体情况取决于他们所买的东西。许多人在买特定的东西时往往会有防备心理，如果他们的购物篮或购物车里的东西在你看来有点奇特或过于私密的话，就不要谈及与之相关的话题了。当你开始跟对方交流时，一定要表现得十分亲近、友善，要比平时多些微笑。

在绝大多数等待结账的队伍（比如杂货店）里，你所能交流的对象往往严格局限于前后两个人。如果所有队伍都排得很长，你必须选择其中一条队伍，为什么不选择那些看起来很有趣的人所在的队伍呢？哪怕多等五分钟又何妨？下面是一些适合在排队付款时使用的句子：

"啊，我爱死这件东西了。"

"看来你是准备举办聚会吧。"

"你打算一个人把这些东西拿走吗？太厉害了！"

"这是快速通道吗？"

"你等了很长时间吗？"*

"你想过我们一辈子花在排队上的时间有多长吗？"*（在邮局时尤其好用。）

购票、用餐、看电影排队。消遣娱乐时排队堪称绝佳的社交机会。人们通常处于一种兴奋、期待的情绪中——每个人都有些迫不及待。在此提醒一句：大多数人都不喜欢听其他人喋喋不休地抱怨长长的队伍（"我们还要等多长时间啊，为什么不让我们进去！"），除非语言既机智又幽默，或者能够增进大家的友谊。一定要记住，除非你碰到那种极端自大的家伙，否则一定要保持和善的态度。举些例子：

"你听过其他人对（电影或餐馆名称）的好评吗？"

"几位，你们之前来过这个地方吗？"

"每次我独自一个人在这种地方排队时，都会觉得十分有趣。"

"这次等待最好能有所收获！"

女卫生间排队。这是最容易进行社交的场合了。女士们站在卫生间门口，整个队伍看起来像永远没个尽头似的。上个厕所都要排队，这让所有人都气愤不已，更不用说，她们极有可能会像往常一样错过第二幕演出的开场。我在女卫生间门口排队时认识了许多了不起的人，但我也发现我们的谈话大同小异。事实上，我在当中排队时所做的事情与其说是社交，不如说是组织"造反"。试试下面的说法：

"要是我成为总统，我一定要翻修全国所有的女卫生间。"

"如果再排十分钟还是没有希望，我就要去男卫生间了。"

"他们不是想要炼狱的定义吗？这就是活生生的诠释。"

"如果在短短一个月时间里，所有男人都要排队去卫生间的话，那么整个世界会发生翻天覆地的变化。"

请注意：在银行排队往往不是跟陌生人交流的好机会，因为人们通常都忙于自己的事务。

◎ **电梯社交**

我发现一个让人困惑的现象，似乎所有人都不大愿意在电梯里交谈。我们走进这个狭小的空间，彼此站得很近，都紧张地盯着广告显示屏——往往不得不盯着"视频广告"——走出电梯时，长舒一口气。大多数人都告诉我这种行为无可厚非：身处电梯中，个人空间受到极大的侵犯，因此人们都存有戒心。这是可以理解的，毕竟电梯的空间实在太过狭小。不过，你若仔细思考，就会发现在拥挤的聚会上，人们之间的距离也基本如此。差别在于，你是在一个移动的小空间里，而且看起来不够安全。所有人都稍有些焦虑，虽然只是暂时性的，但人们只想早点结束。为何不聊聊天，驱散焦虑呢？

我们应该尽量克服这种"电梯拘谨症"，抓住机会（无论时间多短）与人沟通。我相信人们都希望让电梯里的气氛更活跃。所以，如果你准备尝试一番，那么请记住以下规则：

1. 打招呼问好。

进电梯时，和每个人打招呼是十分礼貌的行为，对那些稍晚进电梯的人，也应如此。一旦你这么做，你就会惊讶地发现人们的反应会有多积极。打招呼时一定要面带微笑（微笑的程度一定要比聚会上稍轻，尤其是当电梯里只有你和另一个人的时候——你也不想吓到别人吧）。

2. 在整个交流过程中，要照顾到所有人。

如果你跟同伴一起走进电梯，或者你发现电梯里有认识的人，那么这时候，不要无视其他人的存在。因为对大多数人而言，两个人在电梯里聊得热火朝天，而无视身边另外四个人，这种行为是完全无法接受的。

我一直认为这种行为怪异而冷漠，是时候制止这种行为了。正确的态度应该是把其他人当成聚会上刚刚加入的小团体，把身体转向那些在你之前走进电梯的人（稍微转一点就好——大多数没有抓住社交要点的人会选择直面对方，因此你只要稍微转一点就可以了）。当你跟他们打招呼的时候，跟他们做短暂的眼神交流，或是谈话中偶尔一瞥，时间一定要短。电梯的空间越小，拥挤度越高，眼神交流应该越少。

3. 不要拿电梯故障开玩笑。

用幽默驱散电梯里的紧张气氛十分有效，缆绳断裂和电路故障这类笑话很有吸引力，但此时一定不要这么做。尽管对大多数人而言，这可能只是稍微出格的玩笑，但对幽闭恐惧症患者来说，这无疑是把他们推向了悬崖边缘。

4. 可以谈论的话题：电梯的迟钝反应，电梯内部的装饰，视频广告的内容，大楼的门卫，如果确实有的话。

这些都是可以谈及的话题。而且，如果是在公寓楼里，你可以评论某人的邮件（不是私人邮件，而是你恰巧看到的杂志）。举例来说，有一次我坐电梯时，碰到一个拿着电脑杂志的人。针对买哪种扫描仪最好这个话题，我们展开了热烈的探讨。

在大多数情况下，坐电梯的时间都十分短暂，因此你最好在等电梯时就开始和人交流（这样的话，有可能将交际时间增加到15分钟，具体情况就要具体分析了）。你可以用下面的话和人打招呼：

"打扰一下，您是在这栋楼上住（工作）吗？我之前没见过您。"

"这栋楼有第13层吗？没有对吧？这算是确定这栋楼年龄的一种方法吗？"

"我们应该换个场所见个面。"

"你在电梯里会有失重（超重）的不良反应吗？还是说只是我有？"

当然，这些并不能迎合所有人的口味。你或许应该如此开场："今天天气真好啊。"重点在于，无论你是跟电梯里的两三个人在一起，还是置身于2000多人的迪士尼世界，你都不要错失跟身边的人交流的机会。充分展现你个人的社交魅力，永远不要低估陌生人给你带来的惊喜。

三 公事公办的社交

正如我在本书开头所说，商务社交的技巧跟其他社交技巧大同小异。最重要的是不要把个人日程放在首位。然而，无论是你公司内部的假期派对、行业会议还是接待客户的聚会，只要涉及专业问题或是商务背景，你都应该牢记以下几点。如果你能尽量避免谈及工作，至少不直接或公开谈及，那么社交是极有可能成功的。如果你想和对方建立长久的联系，那就跟他们谈论其他方面的事情，想要真正了解他们，至少要在五到十分钟之后。不要张口就谈论你的职位、成就或职业目标。就拿客户来说，你对他私底下的生活了解得越多，就越有可能建立起你想要的商业合作关系，或是将商业合作推向新阶段。"你在哪个部门工作？"这种问题并不能引发有趣的交流。

即便是出于商业目的的社交，也会有助于你成为一个更出色的社交者。一见面你就要夸赞主人气色好，表达自己对来访的殷切期望。流露善意，对所有人微笑。拿出一种充满期待的姿态。积极地自我介绍，然后向别人介绍自己已经认识或者刚刚见到的人。如果有人讲笑话出了丑，你一定要努力帮他打圆场，减少尴尬。无论何时何地，只要有机会，一定要积极主动地提供帮助。你在交流的同时，也要帮助他人顺畅地交流。积极的正能量在社交场合十分重要，尤其是在大部分商务场合，更是头等重要。

如果是你公司内部的聚会，那么一定不要只跟熟悉的人搭腔。嘴上贪杯，社交大忌，想必就算我不说，大家也都明白吧。

◎ 名牌小技巧

在我职业生涯的一段时期里，我总是拒绝佩戴那些烦人的名牌，尽管在许多商业场合、校友会、教堂或是其他协会事务中，我们经常不得不佩戴。毕竟，如果你戴着亮蓝色或红色名牌，就像是在打招呼："你好，我的名字是……"这看起来确实有点好笑，无异于你在大声地把自己的名字念给他人听。我过去经常会有这种令人胆战心惊的幻想，有一天某个人会不耐烦地朝我大叫："是的，我知道，我识字！"

但是后来，我对名牌的看法越来越成熟。现在我觉得，如果有人提供名牌给你，那你最好戴上，那种带有别针的除外（你可以说我大惊小怪，但我觉得没人会愿意为了社交而在自己衣服上戳个洞，除非他们穿的是粗麻布）。尽管名牌这个东西有些鸡肋，但我发现，最好顺其自然地戴着它们，因为即便没有其他特殊作用，至少也能让你成为这个团体的一员。同时，你也说不准，或许在听说了你才华非凡、聪明睿智（或是单身）之后，有人特地来找你。而且，在拥挤的人群中，那个人有可能钻来钻去地查看每个人的名牌，希望能一睹你的真容。若是没戴名牌的话，你可能会错失一场绝妙的谈话。

然而，如果你厌倦了传统的名牌，也清楚自己正处在一个玩世不恭的圈子里，那么下面这些建议或许会给你带来一些新意：

把名牌戴在有趣的地方。我见过有人把名牌戴在翻领上（靠外）、钱包或公文包上、帽子上、夹克衫的下方，甚至袖子上。有时候，女士们戴名牌会有意避开胸部的位置，因为人们总是肆无忌惮地看向那里，十分令人反感。一旦你选择佩戴名牌，你最好充分发挥它一贯的作用。如果你把名牌戴在一个有趣甚至新奇的地方，那将会产生意想不到的效果。但你不能让名牌太难被识别，否则只会适得其反。

写些除了名字以外的内容。这样确实会显得有些傻气，但也取决于你所在的场合，因为或许你的同事就喜欢傻气。你可以写些诸如"猜猜我是谁？"或是"你不讨厌名牌吗？"之类的内容。我听说有人甚至用条码代替姓名。其实，人们就喜欢这样的意外之喜，你看到他们积极的反应后，准会大吃一惊。注意：不要过犹不及。绝对不要写那些粗俗失礼的内容（包括那些涉及性别歧视或种族歧视的内容）。如果连你自己都会提出"会冒犯他人吗？"的质疑，那就果断放弃这个选择。

合理利用标点符号。对那些古怪的人而言，在名字后面加个问号或者感叹号可能是个极为有趣的选择。表情符号呢？如果你实在忍不住，那么画个笑脸也无伤大雅。

当然，许多时候，名牌早就提前印刷好了。不论上面那些小技巧能不能落到实处，你在戴着名牌的人群中社交时都一定要注意以下几点。如果你打算直接采取名牌社交的方式，那么一定要保证自己的名牌醒目清晰，这样人们就无须费力地盯着你的胸部看了。而且，在尚未接近对方或者他所在的圈子时，最好不要贸然查看他人的名牌。如果你不是因为特殊任务要寻找某个特定之人的话，在聚会上到处查看他人的名牌将是十分失礼的举动。从他人身旁经过时，如果瞥到他人的名牌，不要跟对方做眼神交流，否则你流露出来的意思就是："我讨厌你的名字，我讨厌你的长相，我要去别处跟其他人交流。"同时，在跟他人交流时，对名牌的态度一定要明确：要么直视名牌并加以评论，要么直接忽略（至少在他们注意你时，不要这样）。

在对方注意到你之前，迅速地扫一眼他的名牌，这是个十分高明的技巧。接着，在几分钟之后，自然地在谈话中带出对方的名字，如同他乡遇故知（"不错，基思……"）。若是这个技巧运用得当，对方会感到十分受用。最不可思议的是，在满屋子的人都戴着名牌时，有些人却意识不到自己也戴着一个，白白浪费了绝佳的社交利器。

◎ 关于商务名片的建议

在实际工作中，人们仍然使用实体的商务名片（尽管有许多像Evernote一样的手机应用程序可以轻易将名片信息录入手机中）。毕竟，抽出你的名片递给他人仍然比将信息录入手机快得多。

掌握时机。当谈话即将结束或者你觉察到对方已有去意，或者你也有同样打算时，你就要主动拿出名片了。我认为，和索要对方名片相比，主动向对方递上自己的名片更为彬彬有礼，也更容易让人接受。大多数时候，作为回应，对方也会主动把自己的名片给你，但这给了她选择不这么做的权利。你肯定不想在向别人索要名片时得到这样的回答："对不起，我今天带的名片不够，都发完了。"你也可以等到聚会结束时，准备好名片，走向对方，跟他告别，并且加上一句："差点忘了，这是我的名片。"当然，对方也可能在你这样做之前就离开了。

做好笔记。当你跟某个给了你商务名片的人交流后，你可以在名片背面做些笔记，以提醒自己在何时何地和此人进行了谈话，以及谈话的具体内容。如果马上记录很尴尬，那就在离开派对后马上记下来。你们或许谈到了一家餐馆、一个新网站，或者送你的孩子上大学。即使只是一两个提示词，也能帮助你联想起对方，这样做能够提高你们后续联系的质量。具体信息会对你帮助极大，对方会认为你真的对他印象深刻，十分享受当时的谈话，而不是无聊时偶然发现钱包里塞了二十几张名片，挨个打电话过去。

四 为了爱情社交

为了爱情社交真的没有什么秘密可言。和其他类型的社交相比，为爱社交所需的技巧和态度没什么不同，除非你想增加一些更为煽情的语言或者营造特殊的浪漫氛围。

有一次，我跟单身好友休聊天，她前一天晚上刚参加了一场聚会。

"那你主动跟人交际了吗？"（我总是忍不住这么问朋友。社交已经根植于我脑中。）

"那儿没有单身汉啊。"休回答说。

"那可太遗憾了。但你努力跟人交流了吗？"

"没有任何合适的男士，我都说了！"

"但你努力跟人交流了吗？"我坚持道。最后，她明白了我的意思。

"啊，那当然了，我挺积极的。实际上，我遇到了一个非常有趣的女人……"

社交就是社交。（除了网络约会，我们往往是在忙着做其他事情的时候，突然撞上了爱情。）你永远想不到自己的梦中情人会来自何方，最后，你极有可能发现原来对方就是你当晚在聚会上认识的客人的兄弟或姐妹。你创造的交流机会越多，找到另一半的概率就越大——总体而言，对你人生的助力也越大。

我再换个说法：想象一下，如果你打算在两年时间里邂逅你人生的真爱，那么在这段时间，你打算做些什么呢？大多数人都会尽可能地享受生活，追逐喜爱的事物，只要有机会结识朋友，就一定不会错过。当然，你也应该如此。

另一方面，在·些真诚率直的人身上使用一些基本技巧，是无伤大雅的。

◎ 非聚会型恋爱场所

下面的建议适用于除聚会外的恋爱场所：

酒吧和餐馆。我听说有些餐馆一片漆黑，你根本看不到食物（我指的是有意为之）。我也曾去过音乐声震耳欲聋的酒吧，在那种环境下，除非靠纸片传情，否则一切都只会是徒劳无功。如果你想要寻找一夜欢情，认为口头交流太过老套，那么一个剥夺感官功能的环境倒是个不错的选择。但若是想要寻求一段浪漫的恋情，那你就应该去一些提供柔和灯光和轻柔音乐的场所，否则你可能根本无法察觉对方的眉目传情。警告：置身酒吧会让人感到紧张，人们难免会拿出手机消遣，不过，你若是渴望找寻真爱，那就应尽可能避免使用手机。几十年前，你或许会靠抽烟缓解紧张情绪。其中的区别在于，抽烟时，你仍能和意中人做眼神交流，但发信息时，你就力有不逮了。我认识一个总是随身带着书的女人（"人们总是喜欢问我在读什么书！"）。

很多搭讪用语都不堪入耳。我发现在酒吧或餐馆里，最佳的搭讪方式就是获取他人的同情，或请求他人的帮助，例如：

"我打赌地狱的酒吧也是如此。你能看到服务员，但服务员看不到你。"

"我真希望他们把音乐声调大些，我觉得相邻州的人都听不清。"

172

"打扰一下，请问您看到过一位蓄着红胡子的男士（穿着黄色夹克衫的女士）吗？我本应该在这儿见一个朋友的，但看起来他（她）可能来不了了。"

但是，如果你喜欢更为直接的说法，那你可以尝试下面的例子：

"如果你是个已婚人士或者男同性恋（直男），我发誓我会自杀。"

"我这辈子怎么就没遇见你呢？"

"我通常不会跟陌生男士（女士）聊天，但你看起来真的似曾相识。"

商店。商店是跟陌生人交流的绝佳场所，所以，何不去那里寻找爱情呢？既然所有人都在找寻同样的商品，那你们早就有共同点了。你不能总是听售货员自卖自夸吧，所以很有必要征求旁边顾客的看法。如果你是一位正在寻找男伴的女士，那么电脑器材店一定会让你收获颇丰。比如，你正扎在一堆看起来就叫人头疼的科技产品和电脑硬件里——难怪你需要陪伴和安慰。有一次，我在百思买购物，准备入手一台新的笔记本电脑，碰巧跟五六位男士做了一番交流。在服装店里，你可以询问其他人对你所挑衣服的看法（"这件看起来还可以吗？"）。如果你是一位正在寻找女伴的男士，那么这种老套的搭讪方式保管屡试不爽："打扰一下，我需要一个女人（大笑）……我的意思是，我需要一个女人表示一下对此的看法。"

家得宝和其他同类零售店是极好的搭讪场所；置身好市多或宜家这类空间广阔的地方，谁不想跟陌生人交流一番呢？家用品商店尤其适合，因为在谈及油地毡或浴室防滑垫时，双方会很自然地谈到单身状况上去。

博物馆。博物馆则要复杂很多，尽管大多数人并不介意陪伴，但有些人只是想简单地享受艺术带来的静谧、祥和，或是一段独处的时光。当然，你所需要的素材就是墙上挂着的艺术品，但一定要记得压低嗓门，同时把手机调到静音模式。你可以这么搭讪："这幅画并非出自乔治娅·奥基夫之手，对吗？"或者："打扰一下，我觉得这件艺术品无法叫人心绪平静，你觉得呢？"

◎ 寻爱帮手

找寻浪漫的爱情有时候的确让人心里没底，因此许多人会找个同伴做精神支撑。在这种情况下，人们通常有两个选择：拉上一个同样想找寻浪漫爱情的同伴，或是直接找个寻爱帮手。

所谓寻爱帮手，是指帮你寻找另一半的好友。许多人发现，如果有个帮手在身边，那么找到意中人的概率更大。这些同伴能够为你打掩护，为你创造机会；他们能够充当缓冲器、侦察员、把关人的角色，在你靠近意中人的过程中，还能充当诱饵。跟对方谈了五分钟或十分钟后，若是感觉没戏，你的同伴就能够扮演伴侣的角色（如果恰好是异性的话），助你轻松脱身。另一方面，如果对方魅力十足，你的同伴也能让你保持头脑清醒，确保你接下来做出安全、合理的举动。同伴还能为你提供小道消息，帮你增加成功的砝码。

另一个选择就是带上一个同样想找寻浪漫爱情的同伴，这样会让你感到特别舒心，你们算是同舟共济了，相互交流心得也会十分有趣。但是，要确保你两个人不会喜欢上同一个人。友情受损就十分不值当了。我知道为了爱情可以不择手段，但如果有可能，一定不要妨碍同伴的感情。女士通常在接近一位男士之前就会解决这个问题（"那个有文身的高个子是我的菜！"）。说实话，我一直没搞明白男人是如何处理这个问题的。他们大概会找个隐秘的角落，猜石头剪刀布来一决归属吧。

注意，无论是在夜总会、健身俱乐部、自助工作坊、会议还是传统的鸡尾酒会上，你的交流对象都不应局限于你中意的异性。你的目标永远应该是尽可能地结识朋友。当然，就算你老是去找自己感兴趣的人交流也并无大碍。但除非你陷入了疯狂的热恋，否则一般情况下，还是应该多跟其他人交流。这样的话，你的意中人可能会对欲擒故纵的你更感兴趣。

如果你恰好遇到了你的灵魂伴侣，双方一见钟情，有如干柴遇上烈火……都这个时候了，就果断停止当晚的其他社交活动吧。

五　做东：如何取悦你的宾客

我曾经听说过一件事，有个女主人特别体贴他人，聚会上一个客人喝得有点过了头，不小心撞翻了一杯斟满的红酒。桌子上铺着洁白干净的亚麻桌布，更糟糕的是，当时女主人和那位客人的老板也在场。那一瞬间，所有人都愣在一旁，女主人飞快地将自己的酒杯也推倒在桌子上。"今天所有人都有点笨手笨脚啊。"她笑着说。那位客人顿时不觉得尴尬了。很少有主人会为客人考虑得这么周到细致。毕竟，通常都是主人因过度紧张而出错。

◎ 做东恐惧症

每次我打算举办聚会时，胃里总会觉得难受。之所以有这种感觉，并不是因为吃了太多的酱汁，也不是因为即将见到意中人而激动。一切都是因为过去那些让人尴尬的聚会经历。

有一次，我犯了个大错，把朋友帕蒂的现任男友和前任男友都请了过来（结果她的前任喝了太多杜松子酒，死活不肯离开）。还有一次，我举办了一场招待50人的鸡尾酒会，结果只来了11个人——其中还包括一个我临时骗来撑场面的邻居。还有一次，我计划举行一场大规模的生日聚会，提前数周就开始筹备，结果在最后时刻因为陪审团成员的身份被隔离保护起来。在两个保安荷枪实弹的保护下，我尴尬地办完了整场聚会。当然，我永远不会忘了那次聚会，当时我的一个客人（想要成为作家）碰到任何人都会问："你愿意做我的经纪人吗？"

无论你打算举办什么类型的聚会，一旦开始张罗，就要负责到底。希望你跟我一样，为了享受将一群朋友聚集在自己家里的奇妙的感觉（当然不是焦虑，而是另外一种感觉），愿意承担一切风险。无论发生什么情况，我总是努力效仿那位著名的女主人埃尔莎·马克斯韦尔，她一开口就会让每位客人都有宾至如归的感觉："当他们到来时，"——此处引用她的原话——"我小声嘀咕：'您可来了。'当他们起身准备离开时，我会挽留：'这就走啊？'"

最重要的是，要享受你的主人身份。如果你在聚会中玩得很尽兴，那么你的客人大致也会如此。

◎ 聚会教练

我们肯定都羡慕那些受人欢迎的主人：在他们举办的聚会上，人们流连忘返。他们是如何做到的呢？其实很简单，他们所做的不仅仅是欢迎宾客和提供酒水食物，他们会努力确保每位客人都能享受一段愉快的时光。

主人要想将聚会办得众人交口称赞，一定要确保客人们各取所需，没有任何人形单影只或闷闷不乐地站在角落里黯然神伤。实际上，主人就是当晚聚会上的社交教练，他的职责就是确保所有人都能顺利交流。除了没有私心外，本质上，整个晚上主人所做的事和"替代品"这种脱身技巧十分相似。他跟某个人交流几分钟，然后将其介绍给另外一个人。一个合格的主人不仅仅要介绍两人认识，还要讲出两人的共同点。换句话说，他要给两人提供一个可以切入的话题，以推动他们进一步的交流。然后，他才能离开，并继续为另外两三个没有在交谈的人牵线搭桥。任何一个人"落单"了，无论是羞答答的壁花，还是聚会上所有人都避之不及的讨厌鬼，有责任心的主人都要帮他们找到交流伙伴——即便是酒鬼和令人厌恶的人（有心的主人通常会把这类人放到一起）。如果有社交恐惧症患者来参加聚会？聪明的主人肯定不会让他闲下来，会让他分发食物、挂外套大衣、添茶倒水、调试音乐，这样就能确保社交恐惧症患者一直忙个不停，不得不跟其他人交流。

当然，主人可以偶尔自私一下，去享受一下自己的社交生活，而不仅仅是忙着帮助其他人，确保他们度过一段愉快的时光。但主人的个人交流时间不应该超过串联客人所花的时间，同时还要保证跟所有来参加聚会的人聊上几句，不论时间多短。（即便是不请自来的某人的堂兄，也不能疏于招待。）当然，主人身份的一个好处便是不需要为突然离开多做解释，可以随时随地道声"失陪了"，然后从容离开。所有人都能理解主人的职责。然而，主人真正的快乐应该来源于自己的终极目标：让朋友或同事打成一片。

注意：不言自明（但我还是要赘述几句），主人不应该饮酒过度。有些简单的道理就不用说了，主人还有一项十分重大的责任，就像监督整场聚会的家长，你必须得确保所有客人都安然无恙。

◎ 聚会的风水学

如果你想顺利地举办一场聚会，就要了解一下风水学。下面就是一些相关原则：

如果空间允许的话，把酒吧区域和食物区域分别安排在相对的方位。这样一来，客人们就不得不频繁地来回走动，这对于促进交流有巨大作用。或者把酒吧和餐桌分别安排在不同的房间里。客人们走动越频繁，聚会就会越活跃。（如果餐桌周围还有活动空间，就更理想了。）若是情况允许，食物、酒水区域以及大多数落座的地方最好位于门廊的对面。

如果主人有心，通常会特地营造一个"聚会中心"。如果你邀请的客人彼此之间并不相识，那么提供一个中心区域就十分必要，以便客人们聚在一起。大多数人往往把摆放食物的桌子作为焦点，但还有许多其他选择。在我最近参加的一场聚会上，主人聪明地做了布局，这样一来，厨房里的所有人都能看到他的电脑（播放音乐或视频吸引客人们）。（他的聚会场所活像一个带有中心岛屿的大厨房。）所有人都聚在周围，翻看音乐曲目表，谈论各自喜欢的音乐，挑选歌曲。这样一来，客人们有了一个共同的关注焦点，一个可以来回走动的地方。看着人们的脸沐浴在电脑屏幕的蓝光中，我感觉每个人都像被炉火照得暖暖的。

注意：在我看来，灯光和音乐都是十分重要的元素。要想让每个人都感到轻松舒适，你需要柔和的灯光和稍微安静一些的音乐。如果你有头顶照明设施——也就是直接从天花板上发出灯光的装置——确保它们处于关闭状态。对于那些表达不同意见的读者，"可我想让客人们能够看清楚对方"，我送他们一句布兰奇·杜波依斯在《欲望号街车》中说过的话："我不想要现实，我渴望魔幻！"

Chapter **7**

第七章

如何应对困境

一　适时说谎，免于一劫

假如你已经背熟了50句绝妙的开场白，你身边的小道具也用得得心应手了，甚至还掌握了"蝴蝶穿花"的技巧，是不是就可以说，你已经成为交际达人了？那倒不一定。检验交际能力的往往不是日常情境，而是紧急情况。要在紧急情况下做到从容自控，必须能集中、擅想象、会变通，最关键的是要做到没有丝毫迟疑，面不改色心不跳地"撒谎"。在交际中，再多地强调学会说善意的谎言也不为过，尤其是在面对某些窘境时，善意的谎言更是能帮你化险为夷。记住，你身处社交战场，机会微乎其微，对手无比强大，灾难近在咫尺，下一秒会发生什么，你永远无法预测。你可能时不时需要撒一个无伤大雅的小谎，对你而言，最重要的是能够敏锐地识别出需要撒谎的时机，以便适时说谎，免于一劫。

二　小小失态怎么办

设想一下，你正在出席一个画廊的开幕仪式，你的男伴是作品正在展出的画家的密友。在与周围几群人寒暄了一个多小时后，你继续与一位之前已打过招呼的女士交谈，但你们两人还没有正式地向对方介绍过自己。你看了看眼前那幅画，并没有搞懂画中的深意，于是你借机对她说："你也是画家吗？"但那女子冷冷地回答你："其实，这是我的画展开幕式。"

在交际中，相信大家或多或少都有过一些失态的时候，我自己就干过一些很"极品"的事。但就算你经历过再多次尴尬情境，每每遇到这样的窘境，你还是会如坐针毡，觉得自己大概是世界上最蠢笨的人，恨不得找个地洞钻进去。

以下的几种情境在你身上发生过多少次？

把熟人的名字叫错了；

在背后议论某人，结果被议论的对象听到了；

跟别人撞个满怀，或者把什么东西洒到别人身上；

顺口把某个秘密说了出来；

当着没有被邀请的人的面，大肆炫耀头天晚上的聚会；

把别人的妻子/丈夫误认为女儿/儿子；

指着一位没有怀孕的女性问她怀孕几个月了；

跟别人聊天时，哪壶不开提哪壶。

以后，无论你是穿着细高跟鞋踩到别人脚上，还是向别人问起她已故的丈夫的去向，你都要记住这两点：第一，任何人都会犯错，就算是刚刚被你伤害的那个人，肯定也曾犯过错；第二，办法总比问题多，没有不能挽回的僵局，至少你可以尽力而为。面对在社交中犯下的错误，关键在于不能受缚于压力，而要灵活地处理并从中吸取教训。正是一次一次的失误练就了社交的技能，只要你选择直面错误，慢慢地，你就会成为一个更为健谈的人。你要把社交当作跳舞，就算你时不时会左脚绊右脚，你也不会停止舞动。正如阿尔·帕西诺在《闻香识女人》中所说："探戈不是人生，即便你跳错了也没关系，接着跳下去！"

◎ 穿错衣服很尴尬

如果你也曾和我一样，穿着花呢子裙和过膝长靴，堂而皇之地走进一个满是燕尾服和晚礼服的房间，那么想必你也经历过在聚会上突然发现穿错衣服那种特有的恐惧。我说的穿错，不是指你本该打领带，结果打了领结，而是明眼人只要一看，就知道你穿的衣服和别人格格不入。

以后，当你发现你穿错衣服时，你有以下几种选择。需要注意的是，我说的这些都是建立在你觉得穿错衣服很尴尬的基础上。如果你足够自信，足够开明，对此毫不在意，那你就不必把穿错衣服当作一件尴尬的事，以下建议对你来说就没用了。

第一，你当然可以选择离开。你可以转身就走，买份外卖，在家安静地待一宿，麻痹自己，让自己相信这是天意，反正在那边估计也很无聊。但我还是得强调，我并不主张这么做，这就相当于不战而败了。

第二，你可以马上赶回家去，换一套合适的衣服。如果你觉得来得及，那么无论用什么方法，请尝试一下。但一定要确保没人见过你，不然你换装前和换装后的反差在别人看来可就比穿错衣服还要尴尬了。当然，要赶回家换衣服，还要在派对结束之前赶回去，肯定相当累人，整晚这样来回折腾也许不太值得，你的心情肯定也会受到影响。

第三，假装你穿得一点问题都没有。你必须让自己相信，你穿得相当合乎时宜，和别人来往也很正常。但可别忘了"皇帝的新衣"的故事，只要有个人对你说"你是不是忘了今晚这个聚会是正式场合？"，你所有的伪装就破灭了。

第四，你可以表现幽默，这可是全世界通行的弥补失态的好办法。举例来说，如果你穿了休闲装，而其他人都穿着正装，那你可以假装惊讶地说："看呀，这么多人都穿了不合适的衣服，怎么会有人穿燕尾服来参加这个活动！"若要使用幽默这一招，你必须让人觉得很有意思，如果你觉得自己驾驭不了它，就千万别尝试。

最后一个办法，也是我提倡的做法：把你不合时宜的装扮说成一件趣事。这样的话，你就借力打力，把这件事拿出来调侃一下即可。假设你身着灰色西服和蓝色衬衫前往你的朋友米兰达家，刚一进门就发现其他人都穿着礼服。你突然想起，邀请函上确实写了这次聚会要求正装出席，但你这天在公司过得太不顺心，把这事给忘了。千万别紧张，在你开始社交之前，在你与任何人谈话之前，你已经清楚局势了，你只需要花点时间，好好地想个故事把这件事解释一下即可。你可以在衣帽间或门厅里待一会儿，等你准备好了再出去。

然后，你自信满满地走进去，讲完你的开场白之后，你就可以谈及你的服装："说出来你可能不信，这次我被米兰达耍了，她没有告诉我今晚是正装派对！两年前，我也这么耍过她，从那之后，我们就会像这样捉弄对方。"说罢，你和你的交谈对象便开始讨论这些恶作剧，讨论你们是怎么认识女主人的。这样，你就成功地把穿错衣服的尴尬变成了一个谈资。

诚然，这种方法可以算是大胆地撒一个谎，因为你得编个跟女主人有关的故事（一般情况下，用别人来撒谎并不明智）。但是，如果米兰达是你很好的朋友，就算她听到了你编的这个故事，也不会在意这个无伤大雅的计策，而且她也不大可能会听到。稍微保守一点的故事也是可以的，比如你刚下火车或飞机，没有时间回家换衣服了。或者你可以说你没带钥匙被锁在门外，或者洗衣服的人把你所有的正装都给熨坏了，或者你爱吃醋的前任偷走了你所有的信件，你才没有看到邀请函。不管你怎么说，说得有意思一点。一定要记住，你要做的不仅仅是从穿错衣服的尴尬中解脱，还要把这个失误转化为对你有利的因素，就好比你戴的首饰或拿的道具一样，让它成为你社交的催化剂。

可想而知，穿得过于正式比穿得太过随意要好圆场得多。比如别人都穿牛仔裤，而你穿了一身燕尾服，你只需要说你待会儿要去参加一个比目前这个更高档、更时尚的聚会（或者说你刚从这样一个聚会上回来）。

最后特别提醒一点：你在讲假话之前，也可以考虑考虑能不能实话实说。但只有当你的实情跟你的假话一样有趣的时候，你才可以这么做。如果实际情况就是你毫无原因地干了这么件蠢事，那你就好好说假话吧。毕竟你去的是聚会，又不是什么主日学校。

◎ 引荐他人：周而复始的噩梦

在引荐他人时觉得尴尬这种事情也很常见，其实，99.999％的人都不太擅长介绍别人。你可能会搞不清应该介绍别人的姓氏、名字，还是直呼其名即可；也可能会搞不清要不要介绍别人的身份（比如说："这是我的会计。"）；在特定的情境下，还可能会搞不清应不应该由你来为两个人互相引荐。但无论如何，上述这些都不算什么大事，如果你突然忘了要介绍的人的名字，那才是交际中的噩梦。

在引荐时忘记别人的名字是一种很常见的失态，我特别找了一个临床术语来表述这种有违社交礼仪的现象：举名困难症。举名困难症时不时会困扰着你我，具体症状为：要么你一时想不起来别人的名字，而且给别人加上了一个不当的限定词（比如在介绍两个未婚的人时说："……旁边这位是她的丈夫。"），要么你在开始跟别人交谈之后才发现叫错别人的名字了。

不管你在介绍别人的时候闹了何种笑话，有一点是肯定的：你越想刻意地去弥补这个失误，越容易搞砸。所以，无论你是忘了你老板的名字还是你自己的名字，我在这里给你提供一些能够缓和气氛的圆场话：

"不好意思，我得了一种叫举名困难症的病，之前给我下诊断书的那个专家叫什么来着……啊，我忘了他叫什么了！"

"我向来不擅长记住别人的名字，这是我们家祖传的毛病。每次家里聚会的时候，家人之间经常会说：'嘿，那谁！'"

"哎呀，不好意思，认错人了，我还以为你是鲍勃·汤普金斯呢。我觉得这是天意，咱俩得好好聊聊。每次相遇都不是偶然的，对吗？"

忘记别人的名字有两种情况，一种是忘了与你只有一面之交或是长时间没见的人的名字，但通常是第二种情况，就是忘了某个不应该忘记的人的名字，一旦忘记了，人家会认为这是对他的一种不尊重。换句话说，尴尬的局面就是这么形成的。发生这种事情对你来说无疑是一种折磨，我也见过数以百计的人在社交中犯了这种错误，并试图用不同的方法弥补。有的人夸张地向别人道歉，说"天哪""对不起！""我怎么会这样""我竟然忘了你的名字"之类的话来为自己开脱，还有的人挥挥手，然后走开。但我认为，对于这种突然脑子不好使的情况，还有比这些更好的补救方法。下次你在介绍别人时出现大脑空白的情况，可以试试下面这几种方法：

引导别人介绍自己。 当你记不起别人的名字时，这是最巧妙、最高效的方法了，只要处理得好，没人会怀疑你是不是忘了他的名字。一群人聊天时，如果你忘了某人的名字，你就转向他，对他微笑，然后再转向一个你记得名字的人，装作介绍两人认识，说："这位是托尼·洛佩斯。"然后，再不经意地转向你不记得名字的那个人。这时，那个你忘了名字的人会主动（这是一种本能反应）上前说："托尼，很高兴认识你，我叫西尔维娅·库珀。"说罢，通常两人还会握握手。如果你想介绍两个人认识，而那两个人的名字你都忘了，这种情况就要复杂得多。不过一般来说，你只要说一句"你俩之前见过没啊？"就可以顺利抽身，等着他们互相介绍了（当然，等待的这几秒钟可能会非常漫长）。这么做最坏的情况就是，别人会觉得你真是不会引荐，但没人会怀疑你是不是忘了名字。

坦白你忘了别人的名字，并从这里展开话题。 这也是一个化失态为谈资的好例子。你要先承认你忘了别人的名字，并且真诚地道歉。在互相介绍之后，你就可以开始谈谈为什么人们很难记住别人的名字（可以说一些左脑与右脑、男人与女人的差异之类的理论）。这么做可以使你一直提醒自己，只要涉及名字，人们总是难以记住，但几乎所有人都觉得这种失误很不常见。你还可以用自己在社交中犯过的错误来做例子，表现出你并没有被这个失误困扰，你也没有对此抱有负罪感。大家基本上都会相信你说的话，也就不会心存芥蒂了。

绕开名字，通过别的方法介绍别人。其实，在社会生活中，人们的名字和身上的标签都被看得太重了，为什么不可以直接说："乔迪，我想向你介绍一位跟你志趣相投的女士！"然后，你就引荐另外一个人，她或许就会主动介绍自己。拍马屁也是一种掩饰尴尬的好方法，你可以说："我想让你认识认识今天聚会上最吸引眼球的人！"或者说："你俩都那么好看，应该互相认识一下！"如果这个套路用得好，就会像放了一个烟幕弹似的，别人不会发现你忘了他们的名字，就算发现了，他们也不会太介意。

◎ 社交中的补救措施——故事圆场法

在社交中，介绍方面的问题是一方面，但大家有没有想过，如果真的犯了什么很严重的错误，怎么办？如果你犯了那种糟糕透顶，会直接导致你与他人聊不下去的错误，怎么办？比如你在聚会上说你来参加这个聚会只不过是因为没有其他事可做，结果这句话传到了主人的耳朵里。在犯下这样的错误后，你就很难把社交进行下去了，除非你想办法补救一下这个无心之过。

要时刻提醒自己，谁都会时不时地在交际中干点蠢事。其实，如果你在社交生活中从没犯过错，那你的交际能力永远得不到提升。所以，偶尔尝试着冒点风险对你交际能力的增长是大有裨益的，甚至还会让你的社交生活变得健康有益。所有人都知道在社交生活中失态的滋味，一旦出现了尴尬的场面，也都像犯错的那个人一样焦急，等着他快点圆一下场。所有人都和当事人一样，希望紧张的氛围快点消散。我认为，出于这个原因，讲个故事不失为一种圆场的好方法。

要练好这个技能，你首先需要准备一个好故事，这是为了让周围的人觉得你还经历过比现在更尴尬的事情。这个故事最好是真实的，要么发生在你身上，要么发生在某个你认识的人身上，因为以后一旦你在社交场合犯了什么错误，为了让你重新在这个群体中找到位置，你需要坦诚地把这个故事讲一遍，如果讲得足够有说服力，眼前的尴尬局面就会烟消云散。

坦白地说，我也常常会犯错，尤其是在我尝试新的开场白或者新的社交技巧时，但我会准备好一个真实的故事来掩盖我的失态，就好像治愈烫伤的软膏一样，抚平我犯下的错误。当周围的人因为我的失态而鸦雀无声或尴尬地笑时，我通常会说："难以置信，我竟然干了这种事。天哪，那我就来跟你们说说吧，我之前好像没跟你们讲过，有一次……"然后，我就把我和埃丽卡·琼的故事讲一遍。

多年前，我在找工作的时候，有人为我安排了一个面试，职位是埃丽卡·琼的秘书兼助理。当时我紧张得不行，毕竟是要见一位大名鼎鼎的作家，而且我的脚还受伤了，拄着拐。不仅如此，面试那晚还下着大雨，街上一辆出租车都打不到。埃丽卡·琼家住在上东区，赶到她家的时候，我已经狼狈不堪，头发滴着水，拐杖上全是泥，而且迟到了将近一个小时。当时我觉得自己完了，真是给当晚的面试开了个好头！但我还是鼓起勇气，深呼吸，然后按响了门铃。

开门的是管家，他让我先进去。不一会儿，光彩照人的埃丽卡·琼便从楼梯上走了下来，优雅地向我伸出了手。

"你好，我是埃丽卡·琼。"她微笑着对我说。

我直勾勾地盯着她的眼睛，强挤出一个微笑，说："你好，我是埃丽卡·琼。"

在紧张和慌乱中，我竟然把我自己说成了她！紧接着的是我所经历的最漫长的沉默，我觉得我把在场的三个人都弄晕了。大家都没有说话，直到埃丽卡·琼展现出了交际大师的一面，打破了僵局。

"你是珍妮·马丁内特吧？"她温柔地提醒我说。

"嗯……是的，就是我。"我怯生生地回答。

我觉得我这一生中没有多少比这更尴尬的时刻了，当然，我一生中也没犯过很多这样的错误。但不管怎样，这件事还是给了我很大的启发，后来每次因为失态而备受煎熬时，这个故事总能让我脱身。每次我讲完这个故事后，别人都不会觉得我刚刚干的这件事很尴尬了。

当你用亲身经历作为圆场故事时，一定要记住：在你讲的故事里，犯错的那个人最好是你本人。讲别人犯错的故事效果一般不会很好，因为这样会搞得像你想证明你犯的错误比别人的要好一些。（不过，如果你讲的故事足够好，那也是可以的。）同样，你也可以利用这个故事帮别人开脱，比如说："嘿，不要介意啊，我告诉你，我有次……"这可是交际中的必杀技，在别人眼里，你这么做是非常善良和体贴的，当事人和在场的所有人都会高看你一眼，之后你便可以主宰整个交流过程。

而且，这还给了你一个机会把你最有意思的故事说出来！

注意：故事圆场法并不是所有情况都适用，如果你把一杯滚烫的咖啡洒在别人衣服上，人家大概也不会愿意好好听你讲故事了。

◎ 故事圆场法的万能模板

如果你找不到合适的故事用来圆场，或者你曾犯下的错误不适合拿来讲，那么你可以从下面这些万能句子中选一个来用。不过，这些句子对一些人来说也是没有用的，他们对这几句话已经麻木了，因为他们和你一样，犯下错误后就准备用这几句话来圆场：

"对不起，我觉得我很不舒服，尤其是做了刚才那事以后就更不舒服了。"

"我刚才那句话说得很大声吗？"

"刚才不对，重新来过！"

"好吧，我又不傻，我知道我得多学学交际了。"

"我的脑子今晚开启了'自动飞行'模式，刚才那下估计是坠机了！"

"不好意思，我身体里住着两个我，刚才那会儿是另一个我在跟你们说话。"

"呃……这附近有时光机吗？能让时光倒流的那种。"

"真对不起，大概是你美得让我大脑短路了吧。"

"啊！上面的哪位神仙跟我有仇是吧！"

"我总是会想，如果哪天我让自己难堪了会是什么感受……还好，我还活着。"

◎ 犯了错误拒不承认也是一门艺术

在某些情况下，应对失态最好的方法就是抵死不认，坚决否认你犯了一个错误。这样做听起来挺冒险，但这个方法收效甚高，当你犯下一个再怎么道歉或者找借口也无法为自己开脱的错误时，这个方法值得一试。

下面我就为大家介绍四种抵死不认的方法：

假装听错。我们先假设一个情境，比如你和朋友正在讨论一部戏剧或一本书，你对其大肆批评，却不知作者就在身旁，这时你就犯下了错误。你们正在讨论的这部剧叫作《天大的过失》，然后你说："我之前看过，天哪，那部剧真的很无聊。"

这时你发现你右侧坐着的一个男人正满脸不悦地盯着你，并对你说："真的吗？我在编剧的时候可没觉得无聊！"

你突然就发现情况不对了。这时，千万别慌，保持冷静，别表现出你现在觉得很窘迫。你要装作很不解，马上想出另一部正在上映的戏剧的名字。

"所以……你是《动乱的42号街》的作者？"你可以这么说，"真

194

的吗？我还以为是个女人写的呢。"等你说完，那个剧作家可能还是会怀疑你，觉得你就是在掩饰自己的"罪行"。但是，抵死不认的诀窍就在于坚持否认刚才说的话，而且千万不能服软，要在心里默念："不能承认，不能承认，不能承认。"就像玩扑克赌博一样，你都开始吹嘘自己牌大了，怎么能半路反悔呢？（如果你没有做好一装到底的准备，就干脆不要装。）

这时，那个剧作家也许会将信将疑地回答你："不是，我写的是《天大的过失》。"他这么说，仿佛是在告诉你："想跑？没那么容易！"你要记住，千万不能"弃牌"，跟到底！你就回答他："但我刚才说的是《动乱的42号街》啊，刚才乔不也在说这个吗？"如果你把这招用好了，某些情况下，可以彻底掩盖你刚才的失态。最坏的情况就是你虚张声势，但就算是这样，情况也并没有比之前坏多少。话说回来，被你中伤的剧作家也希望你能说点什么来圆场，不然气氛对他来说更尴尬，如果你不尝试挽回局面，那么他可能会觉得这是对他的一种侮辱。总之，希望他能被你坚决的否认给糊弄住吧（他的自大会使他更容易相信你说的话）。

栽赃嫁祸。这招可能会有点不仗义，尤其是把你推搡别人、打翻饮料的事赖在旁边的人身上。（但也别拒绝这么做，在恋爱和窘境中就应该不择手段。）不管怎样，你要时常提醒自己可以嫁祸给某个不存在的人。我们继续用上面那个剧作家的例子来说，你可以试试这个方法：

"不是吧！你就是这部剧的编剧？天哪……我这么说你可能不信，

但我其实根本没看过这部剧，刚才我只是想加入谈话而已。我那天在公交车上听到路人这么说，我保证我以后再也不把别人说的话当成自己的了。"

装作你是在开玩笑。 假设你正和一位你很久没见的女士聊天，可能因为太累、喝得太多或是太无聊，你开始对她胡言乱语："那么……之前和你谈恋爱的那个怪人怎么样了？"其实这话刚从你嘴里说出来，你就后悔了。果不其然，她对你冷冷一笑，说："跟我结婚了啊。"

这时，你应该这么做：继续保持微笑，如果你演技够好，就放声大笑。或者为了加强效果，你可以拍拍她的背，然后嬉笑着说："我知道！某某（你们之间一个共同的朋友）告诉我了，我只是开个玩笑。今晚他怎么没跟你一起来啊？"如果她还是没有消气，你就接着说："唉，果然我妈说得对，我不该学别人装幽默的。"

直接无视这个过失。 这招需要你的演技，要装得足够镇定才能成功。不过，如果你能驾驭这个方法，你就可以在不麻烦和不忙乱的情况下掩饰失态。这个技巧无关你要做什么，重要的是别做什么：别眨眼，别偷笑，别脸红，也别承认你犯错了。你只需要装作这事没发生过，你什么都没说，什么都没做。如果你装无辜装得一流，那么别人会觉得是自己产生了错觉，并没有什么不合时宜的情况发生，至少会觉得你犯的错好像也不是什么大事。

这个技巧不仅适合胆大的老手使用，也适合那些胆小或是被自己的错误搞得不知所措的人。实际上，抵死不认是最简单的方法，也可能是最能让你在窘境中保全面子的方法。

举个例子，比如有一天我认识的一位名叫萨莉的女士去了一家装修得十分可爱的餐厅，那家餐厅的卫生间标注得不是很清楚，只是在男女卫生间的门上挂了一些表示性别的艺术标识（通常就是巨大的帽子或鞋子），所以她突然发现自己走进了男卫生间，但这也不能怪她。她刚一走进去，就撞见一个满脸惊讶、正在如厕的男子站在尿池前。萨莉觉得自己已经走进去了，没办法很自然地退出来，她索性故作镇定，连眼睛都不眨一下，直接无视了那个吃惊的男人。她快步走到洗手池前，洗了洗手，用纸巾擦干，然后走了出来。（她出来以后才找到女卫生间在哪儿——门口排着长队的地方肯定是女卫生间。）

诚然，萨莉胆大心细地为大家演示了抵死不认这一招，但同时也提醒我们，永远不要低估自己捏造事实的能力。

◎ **救场专家**

每当看到救场专家出现，像天使一般地化解僵局，我心中总会流过一股暖流。救场专家通常都是作为目击者或旁观者，从局外人的角度观察整个僵局，然后适时地介入，无私地为大家解决问题。当然，陷入僵局的双方都会试图缓解尴尬气氛，但让一个与此毫不相干的第三者来提供帮助就是另外一回事了。这些人就像社交领域的英雄一般。

我有个朋友叫芭比，几年前，我和她在切尔西的一个大讲堂外的人群中深入交谈过一次。纽约人都习惯和别人在人头攒动的大街上说一些生活中的私密话题，因为如果不在街上说，那么除了去你家，就没什么地方适合说了。渐渐地，人们都适应了这种聊天方式，把周围的陌生人都当成背景，所以有些时候，你可能会忘了其实你周围至少有二十来个人能听到你说的每一个字。这个习惯有它的问题，在我和芭比的这个例子中，我就忘了避免社交失态的一个重要规则——随时注意隔墙有耳。

我当时正在给芭比讲我之前和一个优质男约会的故事，那个男的从事金融行业，不仅会做饭，还兼职做瑜伽教练。我当时说："理查德真的很棒，他看起来真的很专一，我们的关系也很好，但有一点我不太满意，他带我去参加聚会，聚会上他那些朋友都闷得要死。"说罢，我无意之间回头看了一眼，正好瞟到我身后站着一个男人，看上去很眼熟。接下来就不用多说了，这个男的就是我刚才说到的"闷得要死"的朋友之一。（我到底什么时候才能记住纽约真的太小了，哪里都有熟人？）看到他一脸受伤、愤怒的表情，还有我看向他的时候，他故意移开的目光，毫无疑问，他肯定听到我说什么了。

我好好想了想，突然意识到，他不仅听到了我说他的坏话，还听到了我疯狂地吐槽我的男友和他朋友，我真想一棍子把自己打晕。我无地自容，一头栽进芭比的怀中，头搭在她的肩膀上，闭上双眼，根本不想用什么圆场技巧了。当时我就觉得完蛋了，而且我们身处人流中，我还不能马上溜掉。

但那天我也算走运了，突然，站在"闷骚男"旁边的那个女士走上前来。"不好意思，"她拍了拍我的肩膀，我只能转过头去，"我好像在周六的聚会上见过你吧。"只见她淡定地微笑着说："我无意间听到了你们刚才的对话，我想说，有些人看上去可能比较闷，等你跟他们深交以后，就不会这么觉得了。"说完，她又露出了爽朗的笑容。这时，我和"闷骚男"都指望着她能够救场。隔了一会儿，她笑得更灿烂了："理查德真的很不错，是吧？"我不自觉地红了脸，但还是对她微笑，以示回应，心中充满感激。接着，她示意那个男人走上前来，说："你和他之前见过没？他叫乔。"看到他，我的脸红得更厉害了，我说："好像没有吧。"我向他们介绍了芭比，然后这位善良的救场专家告诉我们她叫莉拉，在她的牵线搭桥下，我们四人和善地交谈了一阵。乔一开始还是显得有点木讷，不过我刻意表现得对他很感兴趣，他说什么我都认真听。一直聊到周围的人开始往讲堂里走，我才觉得乔相信了我不是真的觉得他很闷，而且确定了他不会觉得我是个长舌妇，不会回去跟理查德讲我的坏话。就这么严重的一次过失而言，能弥补到这种程度已经算是万幸了，而且这都要归功于莉拉。

莉拉可谓是一位救场大师。很少有人愿意并且有能力接我上面说的那种烂摊子，还要像莉拉那样展示出优雅大方的一面，就更不容易了。诚然，救场大师固然很少，但每一位都值得尊敬，他们通常能用几句简单的话语（比如说"别怪查利了，他刚有了孩子，每天只能睡几分钟"）解救他人于窘境。在我见过的人中，心理素质足够优秀，能够在日常发生的窘境中为别人开脱的人不在少数，比如见到别人在做引荐时忘了对方的名字，他们就会及时救场，说出那个被遗忘的名字或称谓。

另一类救场大师擅长转换话题，看到别人即将面临尴尬场面时，他们马上岔开话题，或是插入一句机智的评论。

无论属于何种类型，这些救场大师都是上天派来的救兵，只要有可能，我们都要试着做这样的人。有了来自陌生人的善意以及灵活的圆场技巧，我相信不管遭遇什么窘境，我们都能从容应对。

三 艰难环境下，如何自如应对

每场聚会对你而言都是要踏入一个未知的世界，所以做好从容应对所有可能出现的情形的准备是非常必要的。鉴于你对将要面临的环境一无所知，随时准备好灵活调整交际规则是非常必要的。

◎ 沙丁鱼罐头

"沙丁鱼罐头"是社交生活中常会遇到的一种情形。参加聚会时，你最好早点到场，因为人多之前比较容易与别人交流，晚一点人们就会逐渐分散为几个小团体了。假设你出席一个社交聚会，刚到场就发现里面全是人，你站在门口犹豫着是否要进去，里面看起来乱成一锅粥，进去简直就是自虐。你已经预知进去之后你将举步维艰、呼吸困难，甚至卫生间外面会排长龙，但不知为什么，你还是进去了（我就经常这样）。

如果你决定加入这群"沙丁鱼"，那么以下几点建议可以帮助你在接下来的交际中发挥最好的水平：

开场白要用最简单、最直白的话。人挤人的聚会上肯定人声鼎沸，所以所有复杂的交流都无法进行了，千万别尝试那些暗含讽刺或精心设计的开场白，周围的人是听不到你说什么的。在"沙丁鱼罐头"中，我建议大家使用诚实策略。在这种场合，大家都默认了自己不能移动这一点，所以都会和周围碰巧站着的人聊天。出于这个原因，你会发现在这种情况下，和别人展开谈话比平常更容易。不过，在如此嘈杂的环境中，谈话也变得很困难了。

注意观察周围有没有人想从人群中挤出去。这可能是你在这种人挤人的聚会上穿过人群的唯一希望。如果周围有个壮汉，或者有个非出去不可的人正在挤开人群，那你就跟上他的脚步。你甚至不用管自己在往哪里走，反正周围只有食物、吧台和卫生间，只要你在走路，你就会离你想去的地方越来越近。这招比如影随形法还要绝，在用这招时，你可以直接拉住别人，让他拖着你走（前提是别人不介意）。不过，他们很有可能都不会感觉到你的存在。当我看到别人像这样在人群中挪动时，我都会联想到一些私家车车主在交通高峰期跟着救护车或消防车一路前进的场景。

不要担心无法施展脱身技巧。从心理学的角度而言，当身处移动受限的境况中时，要从中脱身其实更简单。"沙丁鱼罐头"其实是属于很不正式的场合，由于人与人之间的距离被大大压缩，礼仪、礼节之类的细节就没那么重要了，因为在一个极为拥挤的聚会中，嘈杂的环境会让人们不那么在意彼此，甚至可能连你转身离开都不会有人发现。即使你正在和一个比较强势的人单独聊天，而且对方并不想让你走，你也不用担心，只要凭你敏锐的观察力随便拉住旁边的某个人，然后使用"转身策略"（详见122页）。

时刻保持微笑。在"沙丁鱼罐头"中，语言交流极度受限，那么面部表情就十分重要了，因为身体语言在很大程度上代替了口头交流（所以，学学手语有时也会很有帮助）。

◎ "空巢"危机

你如约出席一个聚会，却发现到场的人寥寥无几。这有可能是因为你去得太早，只是暂时出现了"空巢"的情况。正如我之前所说，聚会时早到可以让你抢占先机，这当然是件好事。不过，要是你到场的时间已经比约定时间晚了一个半小时，那么在场的这五六个人可能就是全部出席的人了。你内心的善良让你不好意思离去，至少得待一段时间再走，可想而知，女主人可能连想死的心都有了（估计她也不可能放你走，难说你刚进来，她就把门给锁了）。

面对这种"空巢"危机，以下有几个应对措施：

鼓动大家聚到一起。对于这种尴尬的局面，最好的解决方法就是大家不要再装得若无其事了。如果到场的只有五个人，那么大家干脆别像开鸡尾酒会那样站着和别人互动了，和女主人一起，把大派对变为很温馨的小聚会（所有人都很舒服地围坐在椅子上或沙发上）。你至少应该试着把各个小团体聚拢到一起，这样的话，你在一群人中交流和移动也更方便。如果房间里两个人在一头，三个人在另一头，那你要和大家沟通感情就会很困难了。试想一下，你只身一人穿梭在房间的两头，别提有多难为情了。

主动帮别人拿东西。在场的人越少，活跃气氛需要的精力越多。你要与女主人一起，确保到场的几个客人都自得其乐。你这么做其实是有其他目的的：主动帮主人张罗事情可以让你更自由地行动。在这种"空巢"里，千万不能和某个人在一起待太久，这样的话很有可能聊着聊着，全场就只剩你们两个人了。房间里的人本来就少，很有可能一眨眼工夫就全走了。

多拉动大家玩游戏。玩游戏（详见第三章）对活跃气氛有很大帮助。当然，你千万不要在没有征得主人同意的情况下，建议大家玩"你来比画我来猜"或者猜字这样的聚会游戏（虽然最能活跃气氛的莫过于扭扭乐之类的游戏）。

尽力支持女主人。看到聚会上没几个人，你可能会有些失望，但你要设身处地为女主人想想，她请的人没来，她是什么感受。既然你已经没办法改变"空巢"这个事实了，就尽力让女主人觉得舒服些吧。你可以夸她厨艺不错，也可以说她家里装修得好，或者称赞一下到场的客人们，这都是不错的方法。在"空巢"里，你要向大家传递正能量，这样所有人都会对你刮目相看。

◎ 对付醉鬼

20世纪初，几乎每本关于社交礼仪的书里都会有一章内容是专门为年轻女性撰写的，告诉她们如何在保证自己安全的前提下妥当地应对身边醉醺醺的男性朋友。在艾丽斯-莱昂内·莫茨（Alice-Leone Moats）1935年出版的名著《出口成脏非好女》（*No Nice Girl Swears*）中，她把所有醉鬼分为几类：滑稽可笑类、哭天喊地类、喋喋不休类、沉默寡言类、喜爱争执类、飞扬跋扈类、没事找事类、多愁善感类、四处留情类、狂吐不止类。

虽然我很少遇到这几类醉鬼，但我知道跟他们打交道的难度与他们醉酒的程度有很大关系。这几类人里，滑稽可笑类、喋喋不休类、四处留情类和多愁善感类是比较容易对付的。（当然，还有一类是与以上几类都不符的，姑且叫他们容易遇到危险的蠢货吧。）如果你不幸遇到了几类难对付的醉鬼，那么下面几点建议可能会对你有帮助。

绝不和醉鬼争吵。因为这样根本没用。你可以用幽默的方式对待他，就像对待疯子一样，但千万别纵容他。如果他说他有力气把你举过头顶，你就承认他肯定是可以的，但千万别让他真的举你。

绝不和醉鬼调情。和醉鬼调情就好比在一桶汽油旁边擦火柴。这一点对男女醉鬼都适用。

绝不要对一个醉鬼说你认为他醉了。就算对方是你朋友也不要这么对他说，最好等到第二天早上再和他说醉酒的坏处。

时刻记住，除非你自己愿意，否则没人逼你和一个醉鬼打交道。通常来说，从一个醉得不省人事的人身边溜走是最简单的，他的知觉已经很麻木了，你可以随便选择一种方式离开，他什么都不会知道。但是，很多人都没意识到这一点，任由这些无趣的醉鬼缠着自己几个小时。千万别信醉鬼口中所说的他还行，还能自制，不管是交际方面还是任何方面。你只需要简单地说句"不好意思，我得走了"，然后快速溜走即可，不用担心把他一个人扔在那里会怎么样，他马上就会缠上另外的人。如果你选择用"替代品"来脱身，那你就试着找另一个醉鬼过来，让他俩坐在一起就好。你要是找其他清醒的人，可能会招来恨意，而与别人结下芥蒂对你的社交可没什么好处。

如果你面对的醉鬼非常粗鲁，你大可利用这个机会来脱身。还记得"穷途末路"时的社交技巧吗？你随便找个人来帮你的忙，就用这个醉鬼来展开谈话。当你正被一个烂醉的人缠住的时候，无论你是男性还是女性，你都可以在身边随便找几个人来保护你。别忘了，正如一句中国谚语所说："帮人帮到底，送佛送到西。"只要有人把你从醉鬼身边解救出来，他一般都会把你融入他自己的圈子，之后有什么活动，也很有可能会带上你。

提醒主人聚会上有个品行差的醉鬼。这里说的"品行差"是指这个醉鬼已经开始动手动脚了，他状态极不稳定，很有可能损坏财物或者撵走其他客人。当然了，多数情况下，任其自生自灭是有一定道理的，毕竟你到那里是去交际的，又不是去当警察。但提醒一下主人聚会中潜在的危险总是一件好事，让主人自己决定要不要对其采取什么措施。

关于醉鬼的问题最后还有一点建议：如果醉鬼太多，你要么三言两语赶紧脱身，要么直接去吧台，点双份的马提尼把自己也灌醉。

◎ 对付极度自大的人

在绝大多数社交场合，我都建议大家尽量积极友好地进行交往，但当你遇到一些极度自大的人时，你会不自觉地想把自己的热情收敛起来。这并不是说你不能展现自己的魅力了，只是对这种人来说，过于友善就是一种懦弱。

物以类聚，人以群分，你通常会一次遇到一群这种傲慢的人。他们有的可能是乡绅，有的是时尚领域的设计师，有的是媒体人，或者是土豪。不管是哪种，跟他们打交道都很困难，他们总会说些让人不满的话，比如："亲爱的，你戴的那个小东西真可爱，我这辈子从没见过这样的东西。"

当然了，如果你能选择不与他们交往，那你大可直接回家，和这些自负鬼交往一点意思都没有。但有的时候，出于各种各样的原因，你不得不留下和他们待在一起，那就想办法做到最好吧。你有可能是在商务聚会上，因为工作原因，不得不进行交际；也有可能是陪你的伴侣前来，你不想逼着她跟你一起走。不管是什么原因，记住下面几条与自负的人交往的规则，对你总是有好处的：

1. 使用幻想策略（详见6页）。

如果有机会施展这些策略，就尽情发挥吧。面对这些自负的人，是得有点自信。

2. 常做深呼吸。

做深呼吸总是好的，可以让你保持轻松的状态。

3. 尽量不要夸奖他们。

面对这种人的时候，你会下意识地去表达善意，想借此与他们熟络起来。但自负的人通常都是极度自我膨胀的，他们并不会看重你的奉承。而且，夸奖会让一些本就自觉高人一等的人更看不起别人。

4. 试着取笑他们。

与他们交流时，一定要试着与他们平起平坐，告诉他们你并不比他们差。但一定要多留个心眼，你要做的只是戏弄他们，而不是真的抨击他们。如果这个人是异性的话，这招会格外有用。你只需要对他使个眼色，告诉他你从别人嘴里听到了关于他的坏话。如果他是个名人，你就装出一副根本不认识他的样子（或者故意装作把他和某个名人混淆了，而实际上两人长得完全不像）。面对他们，你要表现得足够坚定，千万别让他们觉得你很在意他们对你的看法。

然而，只要这些自大的人开始对你表现出热情的一面，开始放下自己傲慢的态度，你就必须给他们一点奖励，退后一步，稍微友善一些。这些与自负的人交往的规则仅适用于你发现对方的某些举动展现出极度自大的场合。

◎ 如何巧妙地融入别人的聚会

最难融入的聚会当然要数你被当作局外人的那种。出席一些没有专门邀请你的聚会是很有挑战性的，但有时也能赚回票价。你的一言一行都应该根据你插入这个聚会的方式来决定。

设法受邀（或事先说好）。假设你的好朋友内德对你说，你们共同的好友菲奥娜要大操大办搞一个鸡尾酒会。你和菲奥娜不是很熟，只是见过几面，彼此留下了一个好印象。内德慷慨出手，准备在回复菲奥娜的同时问问她能否带你一起去。或者，你也可以找个其他事由发个邮件给菲奥娜，告诉她你期待下次与她见面。你说这话是意有所指的，你真正的目的是想让她邀请你去她的派对。幸好她领会了你的意图，向你发出了邀请。

一旦你设法得到了别人的邀请，那么在这个聚会上，你一定要成为一个受欢迎的人。你到达后，马上找到女主人，向她致谢，并且表示你对出席这个聚会感到十分开心。一定要提醒自己，千万不要在人家面前大吃大喝，要表现出一个健谈的人应该有的慷慨大方。如果有人问你："你怎么会来参加这个聚会？"你可千万别说："我想办法让主人邀请我的。"你应该说："我跟菲奥娜不是太熟，但是她人真好，还是邀请我了，我可高兴了，世上哪有这么好的人！"总之，你要把握一切机会夸赞这个聚会。你还得想办法让自己帮上女主人的忙，并确保自己不是留到最后的人。在整个聚会中，你都不能过于显眼。还有，在聚会结束后，记得给主人发一封感谢信。

不请自来。不请自来是指你斗着胆子参加那种既没有邀请你，也没有人预想到你会来的聚会。发生这种情况，要么是你在最后几分钟跟着某个受邀的客人出席，要么是你知道某几个你认识的人在这个派对上，你就决定只身前往了。针对以上两种情况，在交际中所要遵守的规矩都是一样的。然而，如果你被主人"质疑"了，比如他说"你好啊！你怎么会在这里？"，那你就得从实招来了，期待他能慷慨地接纳你。你可以说："真不好意思，我本想你应该不会介意的，我只是想和你多联络联络感情。"如果你性格很外向，而且主人好像也不是很介意你的不请自来，那么你可以用稍微轻松一点的方式来说："我就是这么一个各个聚会到处乱窜的人吧！"不管怎样，如果主人对你还是很冷漠，那么你最好不出声响地赶紧溜走。往外走的时候，也要留点时间与跟你畅谈过的人好好道别。

潜行者。看过电影《婚礼傲客》吗？如果你看过，你就知道什么叫潜行者了，只有敢于铤而走险的勇士才敢这么干。如果说社交算是一个体育项目的话，那么这种类型的社交就应该被归为极限运动的范畴。我这辈子只这么干过一次，那是我20多岁时跟着一个叫凯莱布的人一起干的，他是一个毫无畏惧的人，只喜欢寻求刺激。当你潜入别人的聚会时，你既不认识主人，也不认识宾客，你只是偶然听说了这个派对，或是你正好从门前经过时看到。这时，你除了要尽可能多地搜集关于这场派对和来宾的信息，鼓起巨大的勇气之外，还需要两样东西。一是一套你最拿得出手的衣服。在这种情况下，你必须穿得光彩照人，与整个派对的气氛相得益彰，这样的话，就算主人（或门卫）怀疑你是不请自来的人，他们也不会太在意，反正你那么好看，也算是给聚会增光添彩了。二是你要准备一个压箱底的故事，说到这里，撒谎就很有必要了。除非你遇到了另一个潜行者，否则你千万不能向任何人提起你是混进来的。你要扮演的是一个特工，一个入侵者。当然，我个人是无法接受这类谎言的，因为我只会在照顾别人的感受时说谎。反正如果你真的要潜入别人的聚会，那你最好练练你的演技，把准备的故事说顺了。在这种时候，对你最有利的方法就是保持神秘，不要透露你和这个聚会有任何的关联。比如，你可以说："其实吧，我的前任也在这个聚会上，但我想我还是不要说出她是谁比较好。"当然了，如果你被聚会的主人抓个正着，那你也无力回天了，但可以铤而走险，试一试下面这几句孤注一掷的金句：

"难怪了，我就说我怎么谁都不认识！真不好意思，我还以为这里是伊丽莎白·布朗的聚会呢！"

"好吧，被你抓到了。其实我是个作家，我正在写一篇关于怎么混进聚会的文章，我希望文章不要以我被你撵走而结束。"

四　入座式社交

从严格意义上来说，一群人围坐在桌边共进晚餐这样的场合其实也算是社交的一个分支，而且尽管这种场合令人身心愉悦，但也是极其复杂的。下面我将谈谈在大型聚会中要不要坐下这个关键性的选择问题。

一天晚上，我吃过晚饭看过话剧之后，还要赶去出席一个聚会。等我赶到会场时，已经11点多了，我十分疲惫。与主人打过招呼后，我便在屋里踱步，走到了一个小阳台边。我看到阳台上有个空座椅，便想也没想就一屁股坐了上去。那个座椅是那种懒人沙发，坐在上面整个人就像被包住了一样。我心想我坐几分钟就起来。

但是，我刚坐到椅子上，就发觉这是个天大的错误。阳台上还有一把椅子，那椅子上坐着一个又胖又邋遢的女人，她开始对我唠叨起她那几条拉萨狗，她在何处买的它们，平常在哪里遛它们，喂它们吃什么，她有多爱它们，如何打扮它们。我尝试岔开话题，或是引导她进行你说一句我说一句的互动，结果都以失败告终。当时我是很绝望的，感觉自己被一株人形捕蝇草给一口咬住了。我已经坐定了，那个女人又一直在说个不停，在这种情况下，想要抽身离开基本上是不可能的了。

在聚会中，人们通常喜欢站着，但也有不少理由可以让人们坐下。虽然与我的身份不符，但我真不是一个交际狂，我承认你有时会想歇一歇，缓解一下疲劳。你站累了（这是一个坐下来的好理由）；或者你实在不想和某个人聊下去，所以你假装站累了，要坐一坐；或者你去自助餐区拿了一盘食物，要坐下来吃；或者你想和某人坐下来促膝长谈，不希望其他人打扰。这些都是让你坐下来的好借口，但你也要留心，一旦坐下来，麻烦就会随之而来。

入座式交谈最可怕的一点就是要再站起来会很困难。如果你像我那样被某个人缠着一直念叨她的拉萨狗，那你基本上是不可能在坐着的情况下使出什么脱身技巧的。有时，就算你和某个想跟他好好聊几句的人一起坐下了，人家也可能会没坐一会儿就起身走掉，留你一个人在那里尴尬地坐着。在聚会中，坐着比站着更显眼，所以如果你想冒着风险坐下，那么你最好想清楚自己是不是真的想坐下。

除此之外，坐下后的另一种潜在危险是你的心理因素造成的：你一坐下，就会失去想去交际的冲劲。你会下意识地想："坐着那么舒服，不如我就在这儿坐一晚上好了。到处跟别人说话有什么意思啊？"特别警告：如果你发现自己出现上述情况，开始对交际感到厌倦，马上站起来！

　　要掌握入座式社交技巧，你先要学会怎样站起来。就像我之前举的那个"捕蝇草"的例子，一旦你和别人坐下了，对方一直对着你喋喋不休，你是很难从中脱身的。逮着你说话的那个人只希望你倾听她，而你就是她的囚徒，至少你自己会有这种感觉。

　　在坐着的情况下，通常的脱身技巧已经不适用了，不过，我还是发现有几个技巧在这种情况下能起到作用。第一种方法其实是前面讲过的"自助餐脱身法和其他快捷实用的脱身借口"（详见80页）的一个改版，把你本来要说的"不好意思，我得坐一会儿"，改成"不好意思，我得站一会儿。这会儿我要是不站起来，估计等下也不会想站起来了"。你也可以更加有礼一些，问问缠着你的"捕蝇草"要不要和你一起站会儿。如果她同意了，那么她一站起来，你就可以使用"替代品"这一招（详见87页），或是其他行之有效的脱身办法。

　　"替代品"这个方法其实也可以在坐着的时候用，你只需在附近随便找个人，吸引他的注意，实在不行就挥挥手。试着把他融入你们的谈话中，就某事对他说几句评论，把他拉到"捕蝇草"正在唠叨的话题里。当你找的那个人开始对你们的谈话产生兴趣时，你就起身，把座位让给他，说："要不要坐会儿？"这时你要根据他的反应来决定怎么说，如果他犹豫不决，你就强势一点："能不能麻烦你帮我占一下座？"当然，这么说有点阴损，因为这样基本上是不给人家拒绝的机会，但正如我之前所说，在追求爱和社交时，需要不择手段。（当然，你肯定是不会回来的。离开之后，最好不要再出现在附近了。）在坐着的情况下使用"替代品"策略无疑是一个大胆的举动，但最坏的情况无非就是你处理得有些笨拙罢了。

最后再说一句：除非你累得不行了，否则最好不要坐下来。在聚会中，比喝醉更无礼的行为便是睡着了，配合打呼效果更佳。

五　极端情况快速补救措施

◎ 如何应对令人不悦的身体接触

有时候，有的身体接触难免会让你觉得不舒服，比如被人吻手背、搂腰、摸头、吻后脖颈（有一次，有人还扯了我的耳朵），但通常你都不知道如何应对。

每个人对肢体接触的接受程度都是不同的，有人可以接受陌生人的拥抱亲吻，有人却觉得这是陌生人对他们的侵犯。吻手背在某些人眼中是一种骑士风范的体现，而在一些人眼中却体现出此人相当傲慢无礼。就我个人而言，我并不喜欢别人吻我的手背，尤其是当我伸出手想要与他握手，却遭到强吻时。这种行为就好比把商业中的诱导转向法运用到了交际中，每次出现这种情况，我都在心里暗骂："别亲啊！谁允许你这么搞的！"

当一个陌生人与你发生肢体接触时，你或多或少得对他的行为做出评价。不管你是觉得自己被抬举了还是很尴尬，抑或是受到了侮辱，下面这些句子都可供使用，按照你的态度从积极（"你真好！"）到反感（"你再来一次试试？"）排列。记住，以下大多数句子都要与讽刺语气或一个小眼神搭配使用。

"哇！谢谢您的善意，先生（女士）！"

"世界上竟然还有骑士风度！"

"别这样！我不是那种女孩！"（男性也可以使用这句）

"你非得这样不可吗？"

"你觉得这样做有必要吗？"

"咱们非亲非故的，别碰我。"

"你是喝多了吗？"

"不好意思，我没觉得我们有那么亲密。"

"不好意思，此物有主了。"

◎ 巧妙应对羞辱

关于受到别人羞辱的故事，我听过最严重的要数我的一个朋友告诉我的，我们就叫他尼克吧（这里需要用化名以保护隐私）。当时，尼克正在一个聚会上与别人谈论一部刚看过的电影，他身边有个男人一直在听他说话，然后突然跟他起了争执。

"那种烂片你还觉得好看？你在逗我吧！"那个男的用极度嘲讽的语气对他说。尼克被这突如其来的冒犯弄蒙了，准备为自己辩护。

"嗯……我的意思是，这部电影虽然登不上大雅之堂，但娱乐一下还是可以的。"

那个男的哼了一声，说："既然这样，干脆电影行业的人都不用追求艺术性了，反正观众都是像你这样没脑子的人！"

这个男人的无礼让尼克完全震惊了，周围围观的人也是如此。那个男子的嘲讽无疑是恶毒的，但由于毫无准备，尼克也不知要如何做出反应，至少言语上是不知所措了。

但尼克自有妙计，无须言语即可摆平这类事情。他稍微等了一会儿，然后找到了聚会上喝得最多的人，把他拉到一旁说了几句。不久之后，一个"偶然"的小插曲便发生了。尼克给了那个醉鬼五美元，让他去把酒洒在那个羞辱他的人身上。

如此做法自然不值得提倡，我对此也不能接受。而且，大多数羞辱都不如尼克所遭受的羞辱严重，因此更是不必如此。遇到羞辱，你就昂首挺胸地走开便是。不过，周围有那么多围观者，你也许会觉得需要说点什么才能保住面子。如果是这种情况，下面的几句话可以作为你犀利的回击。如你所见，这些话按照从老套（可以缓解紧张气氛）到尖酸（用起来非常爽）排列。特别警告：在说这些话前，一定要确定别人确实羞辱了你。这些话仅供自卫使用。

"我最恨你这种只敢动动嘴皮子的人了！"

"如果粗鲁算是犯罪的话，你已经被下了逮捕许可了。"

"你是对所有人都这么刻薄，还是我有幸见识了你的真面目？"

"你有没有好好上过学？"

"我妈总告诉我别和陌生人讲话，这会儿我知道为什么了。"

"听你说话就觉得你不一般，你是那种善良的老巫婆，还是恶毒的老妖精？"

◎ 及时止损（何时该收手回家）

扑克高手都会把握弃牌的时机，不管你学了多少技巧，不管你多想继续玩下去，有些时候，你手中的牌就是不允许你再跟下去了。有些场合，你只需要进去待个十分钟，就能感觉到不应该抱着交际的目的来，也不应该在那个时候来。如果你强行留下，你将会感到十分不悦。这都不算什么，如果你的交际能力还不够好，那么这种场合还有可能影响你的形象。所以，当你感觉太过疲劳，或是身体不适，或是有事情让你分心，使你不能专注于聚会时，你最好接受现实，马上离开。换句话说，就是及时止损，乖乖回家。

不过，你要分清楚不同的情况，不要因为你不敢与别人交往，就每次都自暴自弃。很多人摆出一副很内向的样子，在社交中表现得很消极，其实他们只是受困于内心的恐惧而已。所以，学会识别社交恐惧症的症状对领悟社交的艺术是大有裨益的。

如果某天晚上你感觉不好，确实觉得应该撤退了，也不要让这一晚的经历影响你去勇敢迎接以后的交际。所有人都会时不时地缺席一些聚会。不过，一定要记住，每次聚会都是不同的，就好比每个人都是独特的，你永远无法对其进行预测。这些聚会中的某一次很有可能是你这辈子最为愉快的经历，我相信你是不会愿意放弃的。

Chapter **8**

第八章

聚会后：深入交往指南

大多数时候，或者至少很多时候，你预想自己将度过一段愉快的聚会时光，你将带着这份得意之情，甚至满心的欢喜回到家中，一想到会那么开心，你就会欣然前去参加这次活动。（通常情况下，我发现只需一次相当愉悦的谈话，就足以使整个聚会变得很值。）现在你正津津有味地回忆聚会上和某个人（或是几个人）的绝妙谈话。你会让这种愉悦感随着鱼子酱点心的味道一起消逝吗？

　　不管是未来的商务伙伴、潜在的朋友还是意中人，如果你跟他们相谈甚欢，那么你理应继续跟他们保持联系。你能够重拾那些瞬间吗——那些拉近关系的魔力、欢笑，还有与志同道合之人感同身受的感觉？谁知道呢？不去一试，你当然无从知晓。但有一件事是肯定的：许多长久的友情都始于一次愉快的交往。

一　如何深入交往

现代科技妙就妙在它能使社交活动的后续联系变得更加容易。过去（我这里说的"过去"是指20年前），相互联系的方式除了电话外，别无其他，但即便是电话也并不方便，因为这要求另一个人待在某个地点。因为打电话是你一言我一语，有可能在电话里就遭到拒绝，所以对拨打电话者来说，这同样是件可怕的事。担心答录机上的消息不能撤销，今天的年轻人可能丝毫体会不到这种惴惴不安的心情。有时候，你可能还会担心为什么要打电话，或者要打给谁，这种感觉就像被要求当着某人全家的面，来个小型即兴演讲一样。感谢我们的电子设备——除了其他方面的贡献，它们在初步建立社交关系以及培养新关系方面的价值是不可估量的。这些设备允许我们因地制宜、畅通无阻地与人沟通，拉开安全、惬意的社交序幕。

那么，你应该选择哪种联系方式呢？电子邮件？脸书？这取决于你的年龄，以及你所联系之人的年龄；还取决于是商务关系还是娱乐关系，以及你在聚会上传递给对方的是什么样的信息。假如你们交换了商务名片，那么电子邮件或许是你最好的选择，但如果你们互留了电话号码，那么很显然，你就得发短信了。许多人在跟其他人交谈时只需拿着他们的手机，这样他们就可以将对方的联系信息添加到联系人列表中（这对双方未来的关系来说当然是个好兆头）。还有些人会在他人的商务名片背面写上电子邮件地址。我了解到人们总是通过脸书开始"初次接触", 当然, 也有一些我采访的对象没有这么做。

多数人会选择发电子邮件、短信, 或者在脸书、推特、领英等网站上联系。然而, 如果你想跟某人就你们双方都喜欢逛某个论坛交流半个小时, 那么请务必就在那个论坛平台上与他联系。不管你选择哪种交流方式, 如若对方过了一段时间才回复, 你都不要生气。因为人们使用社交媒体和电子邮件的习惯不同, 有些人会经常查看他们的社交网站, 有些人只会偶尔查看一次。有些人三天都不会查看他们的电子邮件, 还有些人每隔一个小时就要查看一番。

针对一些深入交往方法, 我在这里给出几个小贴士。

◎ 电子邮件或者短信

很多人偏爱发电子邮件, 因为这种方法可以让人写出一封经过深思熟虑的邮件, 比起发短信, 电子邮件不会过于打扰别人。另外, 不少人凡事都会用短信进行沟通, 如果要进行简单的交流, 比如跟对方说"嘿, 很高兴见到你", 那么短信比邮件更方便。不论哪种情况, 除非你跟某人很熟, 否则就得慎用表情符号和情感符号。此外, 也不要将新联系信息放到群发消息里, 那样他的信息会被陌生人知道。

◎ 脸书

有些人喜欢脸书, 有些人则不然。脸书现在已拥有12.3亿用户, 所以它的存在必有其理由。脸书最大的优点在于无论你想找谁, 都可能找得到。聚会结束一两天后，如果你想寻找某个人，而你又恰好没有他的信息，也回忆不起来他的姓氏，那么脸书通常是不二选择。如果这个人是女主人的脸书好友，你大可通过查看女主人的好友列表来找到他。如果你找到了那个人，我建议你给他发送一条私信，这可比发送一条好友请求好得多（好友请求可能会延迟）。要给某人发私信，跳转到他的主页，然后点击"私信"即可。不要在他主页的时光轴上发任何信息，除非你确信他想让300个"好友"看到这条消息。

◎ 领英

领英主要是一个商用社交网站，上面发布的都是职业信息以及与职业发展或职业规划相关的信息。这有助于人们建立深入的商务联系。不过，要记住，要是你请求对方把你加进他在领英的职业社交网，那估计你要等上一阵子了。很多人只是将领英当成发布简历的平台，而非活跃的社交网站。也许通过领英联系他人是"不思进取"的做法，因为不管怎么说，在领英上与某人联系都跟友谊扯不上什么关系。当你们双方取得联系后，可以在领英上发送消息，但人们通常不会将此作为社交的联系途径。

◎ 推特

推特相较而言大众化得多，我偶然发现它在许多方面要比其他网站更简便、更直接，因为在它上面，人们并非以"朋友"的身份去联系，而是建立临时关系。在你所遇见的人中，如果对方被划在朋友圈之外（所以直接发邮件或脸书私信都会让你很不自在），或者你只是想留意一下对方在忙什么，那么推特将会是更便捷的平台。有一次，我遇到了一位《纽约时报》的著名专栏作家，并与他简短愉快地交流了一番。第二天，我在推特上联系了他。他回复我后，我欣喜万分。不过，即使他没有回复我，我也不会觉得没面子。自从联系上之后，我便可以给他发私信（我很少给人发私信），我早就想以专业事由联系他了。

◎ 深入交往后该说的话

不管你是选择用短信、电子邮件、脸书、领英、推特还是信鸽，关于深入交往中该如何措辞，我这里都有几点建议。

注意：不要期待马上就可约见。你的后续交往应当仅仅是保持联系，并且让对方知晓你对他们印象深刻。如果表达恰当，可以通过提及聚会、发送图片或链接的方式，让对方想起那次谈话。倘若你对某个文化现象的看法十分有趣，那么给对方发条内容新颖的链接（比如一些他可能从未见过的东西）也不失为一种绝妙的深交方法。从某种意义上说，你们仍在继续交流。你甚至可以给他发些你想在聚会上拿给他看的有关猫的视频链接（但若是这样显得你在手机使用礼仪方面很不得体，那就不要这么做。详见128页）。

切忌上来就像熟人那样询问新联系人，也不要试图立刻销售给他们任何东西。要慢慢来，然后静待回应。

下面是一些深交时可以说的话：

"那次聚会真棒，很高兴遇见你和你的丈夫。保持联系。"

"你好！昨晚我们见过面——不就是咱们两个喜欢甘草味冰激凌的人吗，咱俩还就此聊了一番呢。能遇见你真好。这是我的网址和电子邮件地址，希望不久能再次见到你。"

"好吧，你说得对，我查了一下，那部电影里确实是马特·狄龙。不管怎么说，遇见你真好。期待再次与你相遇。"

"嘿，博比，昨晚跟你聊得挺开心的。我估摸你或许想看看我提到的那篇文章吧，这是链接：＿＿＿＿＿＿＿。代我向休问好，你下次来东村，请一定要给我打电话啊！"

◎ 语音技巧：何时使用你的声音

电话这么快就过时了，这着实让人惊讶。现在大多数人甚至不会给朋友打电话，除非他们彼此早有约定。据我所知，一些20多岁的人从不去查看自己的语音邮件（他们可能会看下发件者，但绝不会去听语音邮件的内容）。因为这是除了直接登门拜访之外，最具打扰性的联系方式了。要是你突然去个电话，那你可能会惊扰到对方，甚至会引起不快。

但有一点：语音要比文字强上100倍。语音能点燃情感，唤起回忆，这是文字永远做不到的。而且，事实证明（我承认并不常见），及时打个电话可以很好地巩固初期建立的关系。

假设你和一个名叫卡伦的女人聊得非常开心，话题是皮礼士糖果盒的收藏。（一种融合了玩具及收藏特色的糖果，小孩甚至大人都爱收藏。——译者注）在那场聚会上，你发现你俩加起来有200多个皮礼士糖果盒。你和她谈了近一个小时，其间你开怀大笑，觉得这也太神奇了，竟然会遇到另一个收藏这些糖果盒的人。第二天，你正听着广播，突然发现有个频段正播放皮礼士糖果盒收藏的节目！你迅速在手提包里翻找到卡伦的名片，迫不及待地打电话告诉她现在正在播放的节目。以这样的理由打电话绝对错不了。通过电话联系，你们的关系又亲近了一层。听到你的声音，她自然会想起你们之前有过愉快的谈话。

◎ 手写便条的好处

没错，手工编织袜、奶油搅拌器、手写便条、明信片，还有信件，这些都过时了，但偶尔还会用到。要是你写封感谢信或者致歉信，或者想给人留个好印象，那么传统信件就能起到效果。传统信件虽然落伍了，却有着影响力。而现今，传统信件就像唱歌电报（雇人到有庆祝活动的人面前唱歌祝贺。——译者注）一样很少见了。其实这么做更能说明你周到体贴，因为这种事情相当耗时，还很麻烦。倘若你之前和某人聊得特别投机，或者某人之前帮了你一个大忙，那为什么不告诉人家你对此十分感激呢？永远记住：在和任何新朋友深入交往之前，你务必确保你的第一次交流是和宴请你的主人进行的，感谢他举办聚会。如果你能设法送去一张手写便条，加分效果通常会出乎意料地好。在人际交往中，你的目标之一就是让他人感到舒服。

二　高期望值

在聚会中遇到某个心仪的人后，用现实期望值来调和兴奋度就显得很重要了。我们都有过这样的经历，如果你和某个人聊得很舒服，而且很投机，那你自然而然会觉得和这个人很亲近。你确信遇到了性情相投的人，你觉得这种关系实在难得，不管是柏拉图式还是浪漫式的关系。这有点像发现了奇珍异宝，尤其是当你抱着低期望值参加聚会时，这种感觉会更加强烈。大部分情况下，这种关系都会产生很好的结果，你们会继续保持联系，或许还会被邀请到对方家里做客，或者相约去咖啡厅，抑或是一起打球。然而，有时候你会发现它顶多算是社交的"一夜情"，你给对方发邮件或短信，却并未收到回复，你失望地意识到，对方并不如你期待的这般。

这种情况时有发生，请不要放在心上。这并不意味着当时对方和你交谈不欢，只是不管出于何种原因——可能是生意上的原因，也可能是你们共同点不多，或是对方已经有不少朋友，抑或是对方的妻子不赞成——他没有将那次谈话放在心上。

话说回来，一些交谈于你而言或许也只是一次性的，你并不期待再次看到那个人。这并非意味着你不喜欢他，也不是说你不重视这次交往，只是我们不可能每遇见一个人，都有这么多时间和精力去跟他交朋友。如果你不想再跟对方联系，而对方给你发来信息，一定要保持礼貌，并回复短信、邮件或消息。哪怕是简短的一句话，比如说"我也很高兴认识你"，也比什么都不说强。即使你再也没打算跟那人联系，不回复邮件（短信）也不太好。

有些人际交往会发展出各种关系——比如业务上的关系，比如友谊——有些只是当晚玩得开心，将来再也不会有什么联系。如果你确实想继续保持联系，那就把主动权握在自己手里。你自己做主人，举办一个属于你的聚会，邀请所有你期待再次见面的人参加。

能将一次联系发展成一段关系固然很好，但抱着社交的目的重视社交也很重要。应当把这句话当作你的社交名言。你在聚会上的交谈，或是出门在外的谈话，都有助于丰富你的人生阅历。每段妙趣横生的谈话都将成为你社交基因中永恒的一部分，使你终生难忘。

Chapter **9**

第九章

悟道：社交之道

我在本书中讲到了不少非常实用的社交策略、方法、技巧和措辞，现在大家都已经有所了解，但我要告诉大家，用不着老去想这些东西。没错，不要太在意它们。这样说好像跟我之前的说法自相矛盾。但这就好比画家，已经熟练地掌握了颜料和画笔的运用方法，到时候只需要凭自己的本能作画就行了。尽管我之前讲得很详细，但你要想驱散心中的不安，最好的方法就是放松心态，相机行事——信奉社交之道。

　　"Tao"（道）字面上的意思是"方式"。道家相信这些看似矛盾的观点：你越是不担心死亡，就越会长命；你越是想努力做成什么事情，就越难达成目标。如果将道家思想运用到社交艺术中，我们也可以这样说：你越是想着怎么使用社交技能，就越难做到。

　　道教的中心思想是强调人的本能，讲究简约，崇尚顺其自然。道教的核心是回归真我。所以，当你妈妈跟你说"做自己"时，如果她的意思是叫你不仅要做真实的自己，还要做个朴实的人，这当然没问题。"朴"在中文中的原意是"未经加工的木料"，意为率真、简单。一个为人质朴的人，会用好奇的眼光看待世界，不会抱有偏见，也不会妄下结论，这样的人从来不会担心别人不喜欢他。"朴"是一种简单的原始状态，包含一种内在的自然力量，世间的聪明才智是无法和一个人内心的质朴相提并论的。

当然，道家思想说起来是一回事，真要遵循又是另外一回事。不过，我们可以先看看道家思想在社交中的运用。

◎ 无为：社交前的冥想法

举个例子，你刚搬到波士顿，就被邀请参加聚会。你在这座城市只认识这个女主人，她是你哥哥读大学时认识的朋友。你去参加聚会的目的是想认识一些新朋友，不过，你以前从没见过女主人，更别说其他参加聚会的人。所以，你很紧张。

虽然无为冥想法的目的跟前文提到的幻想法是一样的，但这种方法是教你从自己的内心寻找力量，而不是从外部世界。在参加派对前，你可以先在家中冥想，或是在前往派对的出租车上、电梯里冥想，甚至在沿人行道走到前门的路上也可以这么做（不过，开车的时候请千万不要这样做）。不管你以前有没有试过这种方法，都没关系。试着集中精神，把意识集中到呼吸上。让自己安静下来，内心平和。要想进入一种虚无的状态，就把自己当成能接纳的空容器。

我可不是让你变成一个脑子空空的傻瓜。在道教中，"Wu Wei"（无为）的字面意思就是"什么都不做"，也就是"依天命"（意指达到一种"创造性的宁静"状态，也可以说是一种"顺其自然"的艺术）。当你参加聚会时，你要处于一种完全接纳的状态，把自己当成一个抽干水的池子，希望被水灌满；如果你处于一种"空"的状态，那么别的东西——这里指人——才会流到你这个"池子"中。我的意思可不是说你来到聚会现场后就张着嘴巴，一动不动地站在那里。无为可不是教你不思进取，懒懒散散，而是教你全身心地活在当下。一定要敏于思，遵循道教的教义。无为并非什么都不做，而是时刻做好准备。不要老想着要记住怎么说话或怎么使用技巧，你只要知道，你在需要的时候就能够拿之即用。要顺势而为。

当然，这样做并不容易。清空脑子里的想法需要很大的勇气，这跟我们之前学过的发挥自己聪明才智的做法正好相反。在聚会前进行冥想的时候，你至少要放弃之前经常出现在你脑海里的对话："对了，那个举办聚会的人叫什么名字来着？我的领带没问题吧？也不知道人多不多……到场后，我要怎么说呢？不知道他们会不会喝威士忌……"

◎ 阴阳循环

阴阳学是指宇宙间的任何事物都具有对立统一的两个方面，也是道家思想的延伸。有生就有死，湿和干对立，强会变成弱。记住这个道理会让你在社交时持开放的态度，学会接受一切事物都在运动、变化。所以，你最好顺其自然。

阳为光、阳为热、阳为雄、阳为太阳；阴为暗、阴为冷、阴为土、阴为雌、阴为月亮。但我喜欢这样看待阴阳：阳为开始时的打招呼，阴为结束时的道别。有打招呼，就有告别。每次告别也意味着新的开始。

如果你能理解社交的真正含义，就能明白所有的谈话都是暂时的。如同阴阳一样，打招呼和道别是并行不悖的。一切都在周而复始地循环，一切都在发展。（当然，我不是说聚会永远不会结束，不管聚会是不是有意思，是不是无聊，都会结束，将来还会有别的聚会。）如果一切事物都有其对立面，那也就意味着即便你做出失礼的行为，也会很快过去；尴尬的沉默过后，也会说出妙趣横生的话来；即使你有社交恐惧症，也会变得自信；陌生人最终也会变成朋友。

◎ 退而求其次的艺术：太极原理的运用（向太极拳爱好者道歉）

我首先得向有可能看到这本书的太极拳爱好者致歉，因为我说的太极理论过于简单。太极讲究的是缓慢谨慎和循序渐进，但为了介绍社交技巧，我只能将许多太极原理概括性地讲述一下。

太极强调的是精神上的修行，是一种以"柔"为主的武术，能让身心放松。我的一个太极拳师傅告诫学徒必须"行如猫"。太极拳的一招一式像猫一样灵动、柔和。你可能得花几周或者几年的时间才能学会将重心放在脚部某个正确的位置上。有意思的是（虽然也有可能是词源上的巧合），社交（mingling）这个单词中的"ming"在中文中是"名字"的意思，"ling"则是"灵动"的意思。看到这种解释，我最先想到的就是"社交"和"太极"之间是不是存在某种联系。

要想好好学习社交技巧，就得克服害怕的心理，而太极拳的要旨就是消除身体的紧张。处于放松状态不仅能消除紧张，而且能增强力量，来去自如。苛刻与抵制的心态只会让你一事无成。事实上，不管是你做出了失礼的举动，还是有人对你不恭不敬，或者有人挑逗你，你都不应该被这方面的负面情绪影响。如果你能融会贯通太极拳中以退为进的思想，那么做到这一点并不难。有人"攻击"你时，不要想着报复，要以柔克刚，以退为进，只管积蓄力量，放松心态，顺势而为。

假设上面提到的波士顿女主人是个情商不怎么高的人。你刚一进来，她就接过你的外套，盯着你，当着好几个客人的面说："天哪，没想到你比你哥哥矮这么多！"（事实上，你哥哥身高1.88米，而你才1.64米。）你会当场发飙吗？当然不要这样做，因为你现在在练习太极中的以柔克刚的技巧，好比风中摇曳的树。这个时候，你可以微笑着说："其实不是我矮，是我哥哥太高了。"

太极中还有一个"黏人"的技巧，你可以跟着对方的节奏，借力打力。（在这个例子中，你可以用开玩笑似的口吻笑着说："真不敢相信，你说话居然这么直接！"）你要试着把在聚会上遇到的人都当成你的老师，跟他们打成一片，跟他们聊天、跳舞，看看你和他们有多合拍。但你要保持本心，在和他们打交道时，不要随波逐流。

◎ 一个人的时候，怎么发现乐趣

道教的创始人老子曾经说过："多言数穷，不如守中。"道家思想告诉我们，关注外部世界的目的是理解宇宙的内部和谐。"道"无处不在，我们应该细心聆听，从而获得启迪。

举个例子，你去参加你哥哥在波士顿的朋友举办的聚会。女主人告诉你自助餐在哪儿，但你看到自助餐区域围了不少人，不想马上去吃，便一个人站在人群中。这个时候，你应该怎么办？

什么都不用做，这样就挺好。一切都很完美。你只管去感受聚会带来的正能量。如果你不知道说什么，就什么都不要说。如果你不知道去哪儿，就哪儿都不要去。道家讲究顺乎自然之道，保持平和的状态，用心聆听，跟周围的环境合二为一。不久，自然会有人被你散发的能量（这里所谓的能量即指"气"）吸引，向你走近。这个时候，你要做好接纳他们的准备，不要担心跟人说不上话。

好比听音乐的时候，旋律之间会有停顿，你满怀喜悦地接纳停顿所带来的安静，因为你知道很快会有更动听的旋律响起。为什么说一个人站着也没有问题？因为你知道这个选择顺应当时的环境，这只是暂时的状态。从某种意义上来说，和融入某个圈子与人交谈比起来，暂时的沉默会让你更加享受这场聚会。不管你有没有跟人交谈，只需顺其自然就行。

当你真正做到全身心地投入聚会，并且完全融入进去并觉得情绪高涨的时候，你自然会获得我所说的"社交共鸣感"，这才是真正的社交艺术。社交是悟道的关键，反之亦然。我在本书中是想教你一种快乐之道，在这里，我想再次强调快乐才是你真正的目的。当然啦，实际上我们的追求比这更高。社交的终极目的是拥有充满快乐与精彩的生活。

让我们好好社交吧，加油！